# 良い人材を
# 確実に採用し
# 定着させるポイント

■谷所 健一郎 [著]
Kenichiro Yadokoro

経営書院

# はじめに

　応募者が集まっても自社で必要な良い人材を採用できなければ、採用は成功したとは言えません。労働人口が減少している時代では、今後益々良い人材を採用することは難しくなります。人が集まらないと嘆いているだけでは、いずれ企業は人材が原因で衰退していきます。

　良い人材を確実に確保するためには、これまでの採用手法や採用業務の捉え方を見直し、攻めの求人活動をおこなう必要があります。

　定着率が悪く社員のモチベーションが低い企業がありますが、良い人材を採用できないことで社員の負担が増加し、負のスパイラルに陥っているのです。

　良い人材を確保するためには、社員の労働環境やモチベーションを高めるための仕組み作りも大切です。「去る者追わず来るもの拒まず」といった経営者がいますが、経営者自ら採用について真摯に取り組み社員のモチベーションを高めていく姿勢がなければ、来るものも来ない状況になります。

　人は、ロボットと違い感情があります。採用段階で応募者の気持を自社に向けさせて企業の一員として頑張りたいという気持にさせなければ、良い人材は採用できません。厳しい上から目線の採用だけでは、応募者の気持は動かないのです。応募者は、求人情報だけでなく採用担当者の説明、態度、表情から、自分にふさわしい企業かどうかを見極めているので

す。

　売り手市場だから求職書の要望に妥協するという考えではなく、売り手、買い手市場といった状況に関わらず、長期的な視野で社員を大切にする企業でなければ、良い人材は採用できないのです。

　私は、約20年間の人事経験から多くの応募者を面接し採用してきましたが、妥協して採用したときは、採用はできても入社後活躍できる人材にはならず、辞めていくケースが多くありました。

　採用業務は、応募者の将来を担っているだけでなく、社員一人の生涯賃金を考えれば、億の買い物をすることになる重要な業務なのです。

時代と共に企業が変わるだけでなく、求職者の志向や価値観も変化しています。企業の一方的な価値観や要求を押し付けても良い人材は採用できません。自社が必要とする人材に向けて的確にメッセージを送り、採用業務を通じて応募者の気持を自社に向けさせることが大切です。

　本書では、採用体制の在り方、求人募集方法、応募者の見極め方、内定者フォロー、さらに新入社員の育て方まで、良い人材を採用し定着させるための手法について、すぐに実践できる内容を多く盛り込み書かせていただきました。

　本書を活用し良い人材を採用してください。

　　　　　　　　　　　　　　　　　　　　谷所 健一郎

# 目　　次

はじめに ……………………………………………………… *1*

## 第1章　採用体制を強化する　*9*

1．人材が経営に及ぼす影響を認識する ……………… *9*
2．企業が選ばれている認識を持つ …………………… *12*
3．営業担当者の視点を持つ …………………………… *15*
4．慣習に捉われない採用手法を検討する …………… *17*
5．経営者自ら率先して採用活動をおこなう ………… *22*
6．自社の特徴・独自性を明確にする ………………… *24*
7．自社の魅力をリサーチする ………………………… *26*
8．他社の求人内容を検証する ………………………… *29*
9．他社にない魅力を伝える …………………………… *32*
10．求職者に存在価値をイメージさせる ……………… *34*
11．キャリアパスを構築する …………………………… *36*
12．ターゲットに向けて求人をおこなう ……………… *38*
13．採れないという言い訳をしない …………………… *40*
14．改善事項を後回しにしない ………………………… *42*
15．できない採用担当者の特徴 ………………………… *44*
16．良い人材の採用は採用担当者の影響が大きい …… *47*

17. 採用担当者の資質 ……… 49
18. 採用力強化ポイント ……… 51

## 第2章　固定観念に捉われない採用　　53

1. 柔軟な発想で採用をおこなう ……… 53
2. 第二新卒を採用する ……… 56
3. 中高年を採用する ……… 58
4. 再就職希望者を採用する ……… 60
5. パートタイマーを採用する ……… 62
6. 未経験者（中途採用）を採用する ……… 64

## 第3章　新卒採用の効果的な求人方法　　67

1. 新卒学生の傾向を理解する ……… 67
2. 学校と連携を強化する ……… 69
3. 求人サイトを活用する ……… 71
4. 人材紹介会社を活用する ……… 73
5. アルバイトで接触する ……… 75
6. 食事会で本音を探る ……… 78
7. SNSを活用する ……… 80

## 第4章　中途採用の効果的な求人方法　　83

1. 転職希望者の傾向を理解する ……… 83
2. 求人サイトを活用する ……… 85
3. 人材紹介会社を活用する ……… 87
4. ハローワークを活用する ……… 89

5．転職イベントを活用する ……………………………… *91*
　6．採用体制・求人方法（まとめ） ……………………… *94*

## 第5章　良い人材を見極める　　　　　　　　　*97*

　1．優秀な人材が自社にとって良い人材とは限らない‥ *97*
　2．見極めるうえで大切なこと ……………………………… *99*
　3．人間性で大切な4つの視点 …………………………… *101*
　4．EQを見極める ……………………………………………… *106*
　5．職務能力（適性）と人間性を見極める …………… *108*
　6．年代別見極めポイント ………………………………… *111*
　7．コンピテンシーモデルを検証する ………………… *114*
　8．適性検査を活用する ……………………………………… *116*
　9．応募者の気持の変化を見極める …………………… *118*
　10．採用していい人・いけない人 ……………………… *120*

## 第6章　書類のチェックポイント　　　　　　*123*

　1．エントリーシートのチェックポイント（新卒採用）
　　 ………………………………………………………………………… *123*
　2．履歴書のチェックポイント ……………………………… *126*
　3．職務経歴書のチェックポイント（中途採用） ……… *129*
　4．作文と書類送付から人間性を見極める …………… *132*

## 第7章　面接のチェックポイント　　　　　　*135*

　1．面接で見極める3つのポイント ……………………… *135*
　2．面接官と応募者の関係 ………………………………… *138*

3．好感が持たれる面接官 ……………………………… *141*
　4．問題点・改善点も説明する ………………………… *143*
　5．面接官の陥りやすい傾向 …………………………… *145*
　6．応募者の嘘を見抜く ………………………………… *147*
　7．表情・語調・態度から見極める …………………… *150*
　8．定番質問の回答から見極める ……………………… *153*
　9．定番質問以外の回答から見極める ………………… *156*
　10．応募者の質問から見極める ………………………… *160*
　11．面接のチェックポイント …………………………… *162*
　12．良い人材を採用する面接ポイント ………………… *165*
　13．良い人材を見抜くポイント（まとめ） …………… *166*

## 第8章　内定者をフォローする　　*169*

　1．提出書類で事実を確認する ………………………… *169*
　2．内定者フォローを怠らない ………………………… *172*
　3．雇用契約書について ………………………………… *174*
　4．内定後の迷いを払拭する …………………………… *175*
　5．内定者研修（新卒）で引き付ける ………………… *177*
　6．内定者の報告内容を読み取る（新卒） …………… *180*
　7．内定辞退者の対応 …………………………………… *182*
　8．入社日は全社員で歓迎する ………………………… *184*

## 第9章　新入社員を定着させる　　*187*

　1．新入社員が定着するポイント ……………………… *187*
　2．配属後も定期的にフォローする …………………… *190*

3．ブラザー・シスター制度を活用する ………………… *192*
4．モチベーションを高める方法を実践する ………… *194*
5．スキルを高める方法を実践する ……………………… *198*
6．新入社員を定着させる方法（まとめ）……………… *204*

**あとがき** …………………………………………………………… *207*

# 第1章

# 採用体制を強化する

## 1. 人材が経営に及ぼす影響を認識する

　求人募集で思うような人材が採れないからといって、すぐに経営まで影響することはありませんが、良い人材を採れなかったことが間違いなく数年後に影響を及ぼします。

　求人サイトで編集者の募集をおこなった知り合いの出版社は、たまたま同時期に大手出版社が求人を掲載しており、求める人材が採用できず2年後に倒産してしまいました。採用できなくても一時的には乗り切ることができるかもしれませんが、間違いなく経営にダメージを与えるのです。

　採用業務は、欠員募集だけでなく中長期的な人員体制を含めて、採用戦略を講じる必要があります。
採用戦略に何とかなるだろうといった楽観論は禁物です。自社の経営戦略、退職予定人数、そして求職者市場や他社の状況を把握したうえで、採用人数を決定し採用するための的確な手法を実践する必要があります。

　採用体制を強化するということは、採用担当者の人員につ

## 第1章 採用体制を強化する

いても検討する必要があります。以前知り合いの社長から新卒採用の説明会参加者が前年度と比較して著しく少ないと連絡をもらいました。調べてみると、原因は採用担当者が辞めてしまい総務が兼任しておこなっていたため、採用業務に手が回らず求人サイトに掲載する内容にインパクトがなくなっていました。すぐに説明会の案内文を定型文から経営者のメッセージを含めたものに変更し、より仕事内容がわかるものにしたところ説明会参加者が集まりました。些細なことと思うかもしれませんが、求職者は些細な点で気持が動くのです。採用担当者の人員が少ないとどうしても事務的な仕事をおこないがちになり、求職者目線の業務ができなくなる可能性があるのです。

　採用担当者の採用に対する思いも大切です。**採用業務が経営に及ぼす影響を理解していれば、危機感を持ち良い人材を何としてでも採ろうという意気込みで業務をおこないます。**

　自社の労働条件や環境が採れない原因とわかっていても改善に着手しなければ、いつまでたっても良い人材は採用できません。

　私がサービス業の人事をしていたとき、残業時間の多さが採用の障害になっていました。サービス業だから仕方がないという風潮が社内にありましたが、アイドルタイムの休憩時間を増やし、1日8時間労働に捉われず1ヶ月で労働時間を管理する変形労働時間に変更することで、残業時間の短縮をおこない応募者を増やしました。

　採用業務が経営に与える影響を考慮すれば、一時的に経費

が増えても今やらなければいけないことがあります。採用できないことが数年後にボディーブローのように経営に影響してくるのです。

　採用業務が経営に及ぼす影響を理解し、危機感を持って取り組んでください。

**ポイント**
・採用業務は、経営に直結する業務だと認識する。
・採用に影響を及ぼす労働環境の整備を放置しない。

### 第1章 採用体制を強化する

## ２．企業が選ばれている認識を持つ

　採用業務は応募者を選別し採用する業務ですが、一方応募者も企業を選んでいることを忘れないでください。選考するという意識が強いと、どうしても上から目線になり選ぶことに集中しがちになりますが、応募者も求人内容、採用担当者の説明、態度などから応募企業を見極めています。

　**採用段階を通じて応募者の気持をより自社に向けさせて第一志望の企業にすることが、採用担当者には求められています。**

　売り手市場では、応募者は多くの企業から自分に合う会社を探しています。応募があっても採用できないのは、採用担当者が自社の魅力を十分伝えられなかったことが一因なのです。

　応募者は、採用担当者の説明内容や態度から自分に合う会社かどうかを見極めています。採ってやるという姿勢では、応募者は好感を持たず別の企業を選択します。応募者に媚を売る必要はありませんが、採用段階で応募者の気持を自社に引き付けることが大切です。

　選考過程や内定後に辞退をした応募者に対して、辞退する応募者が悪いと語る採用担当者がいますが、なぜ入社したいと思わなかったのか分析が必要です。原因の一つとして形式的な採用をおこない、応募者にワクワクした気持を提供できなかったのではないでしょうか。

　第一志望ではない応募者もいますが、そもそも第一志望と

そうでない企業との差がそれほど大きくないケースがあります。採用担当者の説明に共感し人生を託せる企業だと考えれば、採用段階で自社が第一志望になることも十分あるのです。

　以前私が求職者支援をおこなったシステムエンジニアの方が、同時に2社の求人募集に求人サイトから応募しました。離職中の方でしたが、1社は応募から1時間も経たずに社長自ら電話をしてきたそうです。提出したWEB履歴書に興味を持ち、すぐにでも会いたいと言われて面接を受けました。もう1社は5日後に面接のお知らせが定型文のメールで届きました。彼はどちらも応募しましたが、入社したのは社長自ら連絡をくれた企業でした。企業により対応は異なりますが、応募者はどれだけ自分を理解し必要としてくれるかという視点で、企業を見極めています。

　多くの企業のなかから自社を選択しているという認識を持てば、自然と応募してくれたことに感謝の気持ちが芽生えるはずです。そしてこのような気持で選考をおこなえば、選んでいるといった上から目線の選考ではなく、多くの企業のなかから自社を選んでくれてありがとうといった言葉が出てくるでしょう。

　良い人材とは、モチベーションが高く自社で貢献できる人材ですが、選考段階で応募者のモチベーションを高めていくのも採用担当者の役割なのです。

## 第1章 採用体制を強化する

### 応募者が企業を選ぶ要因
・求人要項、インターネットなどの情報
・知人や家族の情報
・応募時の企業の対応
・面接で訪れたときの対応
・面接官の態度・表情・説明
・採否決定までの期間
・内定後の対応

### ポイント
・応募者も企業を選んでいる認識を持つ。
・選考段階で応募者のモチベーションを高める。

## 3．営業担当者の視点を持つ

　営業担当者は、売上が伸びなければすぐに問題を抽出し改善策を講じますが、採用担当者はどうでしょうか。
採用業務は、人が集まらないと雇用状況や経済状況を理由に掲げて仕方がないという風潮になり、社内でそれほど問題視されないことがあります。

　売上が低迷すれば、経営そのものが危うくなりますが、採用も同様に自社で必要とする人材を採用できなければ、間違いなく経営に影響を及ぼすのです。

　採用担当者も営業担当者と同様に、人を採用することに危機感を持ち、何としてでも良い人材を確保しようという意気込みで臨んでください。

　営業担当者は、顧客に自社の商品やサービスをアピールし顧客の気持を動かしますが、採用担当者も同様に求職者に対して会社概要や職務についての説明をおこない、応募者の気持を自社に向けさせる必要があるのです。限られた顧客の市場であれば、同業他社同士で顧客を奪い合います。そしてどうしたら顧客の市場を拡大できるか考えます。採用も同様に、限られた求人市場のなかから、自社で必要な人材を獲得しなければいけませんが、市場が狭ければこれまでの採用対象者の枠を広げることも検討する必要があります。

　営業担当者は、自社の商品やサービスを熟知し顧客に説明しますが、顧客は商品力だけでなく営業担当者の人間性に魅かれて購入を決めることがあります。

## 第1章　採用体制を強化する

　応募者は、社内の状況ついて熟知している採用担当者の説明から、応募企業に気持が引き寄せられます。さらに採用担当者の人柄に好感を持ち、これからの人生を託せる企業だと判断し入社を決断するのです。

　採用担当者は営業担当者の視点で業務をおこなってください。求職者の気持を引き寄せ応募者を集め、選考段階でより一層応募者が入社したい企業にしてください。そのためには、採用業務だけでなく企業経営全般について理解し、応募者の疑問や不安に的確に回答できなければいけません。専門分野の採用であれば、担当部署の社員を交えて親身に説明することも必要です。

　**応募者は採用担当者から応募企業を判断しています。誠意を持って対応する採用担当者であれば、応募者は好感を持ちます。**

　営業は、いくら顧客が多くても成約しなければ売上にはつながりません。採用業務も応募者が多くても自社に入社し貢献できなければ、成約できないのと同様なのです。

　優秀な営業担当者は、優秀な採用担当者の資質があります。また優秀な採用担当者は、実績を上げられる営業担当者の資質があるのです。

### ポイント
・営業担当者の視点で採用業務をおこなう。
・求職者のニーズを汲み取り的確に対応する。

## 4. 慣習に捉われない採用手法を検討する

　雇用形態や企業が求める人材の多様化により、求人市場は変化しています。このような求人市場では、慣習に捉われず発想を転換し採用をおこなう必要があります。良い人材を採用している企業は、過去に捉われずあらゆる採用手法を検討し実践しています。**これまでおこなってきたという理由で、頑なに採用手法を変えない企業がありますが、必要な人材を確保できていなければ、慣習に捉われず新たな採用手法を検討してください。**

　例えば新卒採用の会社説明会では、新卒新入社員と年齢の近い社員を参加させて、形式に捉われず話ができる状況を作り応募者と企業の距離感を縮める方法があります。会社説明会後に、簡単な食事会などを設けて応募者の本音を聞き出す方法もあります。

　新卒採用を毎年おこなっている企業でも、費用対効果について検討が必要かもしれません。経団連の採用選考の指針により、2016年入社の選考開始がこれまでより4ヶ月遅れて8月以降に実施することで選考期間が2ヵ月間と短くなりました。10月の内定開始時期までに企業を決めるという状況では、学生が多くの企業へエントリーできなくなり、どうしても大手企業に学生が集まりやすくなります。一方経団連に加盟していない企業のなかには、8月以前より採用活動をおこなっているため学生だけでなく企業も混乱しています。混乱を踏まえて2017年入社から8月選考開始時期が6月に繰り上がり

## 第1章 採用体制を強化する

ましたが、2016年入社と同様に経団連の定めた選考開始時期以前に選考をおこなう企業があれば、就職活動が長期化することは否めません。中小企業にとって、10月以降に内定をもらえていない学生に対してアプローチしても、自社で求めている人材を採用できるか疑問があります。

新卒学生の採用には、求人サイトの掲載、会社説明会の開催、内定者フォローなど費用と採用までの時間がかかります。ましてや費用をかけても優秀な人材が大手企業に入社してしまい費用対効果で期待ができないならば、新卒採用を中止し第二新卒を中心とした中途採用にシフトするという選択もできるのではないでしょうか。第二新卒採用は、新卒採用で採用できない企業を中心に新卒採用の補てんとして積極的におこなう企業がありましたが、現在は以前のように第二新卒枠を設けて採用をおこなっている企業は多くありません。多くの新卒新入社員を採用する企業であれば難しいかもしれませんが、10名前後の採用であれば、あえて新卒募集をおこなわず第二新卒として中途採用に絞った採用も検討してください。第二新卒の定義は明確ではありませんが、一般的には25歳以下、卒業後3年未満の中途採用を第二新卒と呼んでいます。大手企業に新卒で入社したけれども、価値観や方向性が違い転職を考えている求職者もいます。第二新卒採用では、新卒新入社員としてビジネスマナーなど一通りの研修を受けていますので、新卒新入社員より短期間で戦力になることが期待できます。

新卒採用を継続する場合でも、国内の学校のみの受入れか

ら帰国子女もしくは外国人を積極的に採用する方法があります。海外まで行かなくても国内の帰国子女向けのイベントに参加してみてください。さらにこれまで専門学校のみの採用であったものを、大学まで広げてみる方法、逆に大卒採用が難しいのであれば専門学校、短大を中心に採用をおこなう方法、年齢や受入れ体制で躊躇していた大学院性の積極採用なども検討材料です。

　一部の企業ですでにおこなっていますが、新卒採用でも同額の固定給ではなく能力に応じて高額の給与を提示し優秀な人材を採用する方法もあります。既存社員とのバランスが取れなければ、一時的な調整給として支給し、一定期間に能力を満たさなければ調整給をはずすという給与体系も可能です。

　新卒向け人材紹介会社を活用する方法も検討してみてください。成功報酬型で一定のフィルターをかけた応募者を紹介してもらうことで、経費と採用業務の負担を軽減することが可能です。

　インターンシップだけでなく、アルバイト勤務の学生にメリットのある条件を提示し、一般応募者と差別化する方法もあります。インターンシップは大手企業を中心におこなわれていますが、一定期間のインターンシップではなく、就職を踏まえた学生アルバイトとして高い時給で長期間働いてもらい、就職時期に好条件で採用することを検討してください。

　中途採用においても、これまで30代までしか採用しなかった企業であっても、ベテランの中高年社員を雇用することはできないでしょうか。中高年は給与で折り合わない、使いづ

## 第1章　採用体制を強化する

らいなど問題点があるかもしれませんが、65歳まで働くことが求められている現在では、中高年も危機感を持っています。中高年の受け入れ態勢、雇用条件を見直すことで、戦力として十分活用できる可能性があります。

新卒、中途採用を問わず既存社員の紹介制度を、インセンティブを含めて検討してください。紹介制度を以前おこないいつのまにか消滅している企業もありますが、消滅した原因を分析し改善した制度を構築してください。

実務能力を見極めたうえで正社員採用をおこないたいのであれば、紹介予定派遣を活用することもできます。

毎年継続して新卒採用をおこなってきているから止められない、中高年は使いづらいから採用しない、帰国子女や外国人は既存社員と融合できないといったこれまでの考え方を払拭し、どうしたら自社で生かすことができるか考えてみてください。

失敗する可能性を恐れて踏み込めないかもしれませんが、実践してみなければわからないことも多くあります。

今後間違いなく人口減少に伴い採用が難しい時代がやってきます。慣習に捉われず、採用手法や採用ターゲットを検討することが必要です。慣習に捉われず大胆な採用手法を実践していく企業は勢いがあり、社員も集まるのです。

**慣習に捉われない採用手法**

新卒採用

・人材紹介会社を活用した採用をおこなう。
・一律の初任給ではなく、能力に応じた給与で採用する。
・大卒採用中心から専門学校卒、短大卒まで採用枠を広げる。
・帰国子女や外国人を中心とした採用をおこなう。
・学生アルバイトとして高給で雇用し囲いこみをおこなう。
・アルバイト経験者は採用時に有利な条件を提示する。
・新卒採用から第二新卒採用に切り替える。

**中途採用**

・年齢枠に捉われず中高年の採用を積極的におこなう。
・第二新卒採用をおこなう。
・社員紹介制度を立ち上げる。
・転職イベントを積極的に活用する。
・欲しい人材により媒体を検討する。
・人材紹介、ヘッドハンティングを活用する。
・紹介予定派遣を積極的に活用する。

# 第1章 採用体制を強化する

## 5. 経営者自ら率先して採用活動をおこなう

　中小企業の経営者であれば自ら率先して採用活動をおこなうことができます。求職者が経営者と直接話しができることは、経営者が考えている以上に求職者の気持を動かします。

　中小企業が大手企業と同じ採用方法をおこなっていても、求職者にインパクトを与えません。中小企業であれば、経営者が面接とは別に、直接応募者に会社のビジョンや社員に期待することなどを話すことができるはずです。

　大手企業で歯車として働きたくないと考えている求職者がいますが、このような求職者に対して経営者自ら今後のビジョンを語り、ビジョンを達成するために新入社員の力が必要であることを語ることは求職者の気持を動かします。入社後幅広い仕事ができ活躍する姿をイメージできれば、意欲的な応募者はぜひ入社したいと考えるのです。

　具体的には、新卒採用であれば一方的に経営者から話す会社説明会ではなく、少人数制の会社説明会を頻繁におこない、経営者からの説明だけでなく求職者と自由に質問や会話ができれば距離感を感じない説明会ができます。

　中途採用では、経営者が形式的な面接をおこなうのではなく、最終面接後でも構いませんので今後のビジョンと入社し活躍してもらいたい意志を直接言葉で伝える方法があります。事務的に内定通知を送付するのではなく、経営者と話す機会を積極的に設けることで応募者は自分の存在価値を認識し、頑張ってみようという気持になるのです。

経営者自ら採用に携わることで、社内でも社員を大切に考えている経営者だというイメージを与えます。また管理職も人を育てる意識を持ち人材育成に従事するようになります。

　採用担当者が、求人活動の現状を経営者に説明し、経営者に協力を促してください。ポイントは経営者と求職者の距離を縮めて、語り合える場を設けることです。採用部門からの提案に対して興味を示さない経営者であれば、人が育たない企業かもしれません。

**ポイント**
・面接ではなく経営者自ら求職者と語り合える場を設ける。
・経営者が採用業務に関与し人材の大切さを唱える。
・具体的な計画を採用部門が立案し提案する。

## 6．自社の特徴・独自性を明確にする

　自社の特徴や独自性について明確に語れますか？
理解はしているものの求職者に的確に語ることができない採用担当者がいますが、求職者は、応募企業の特徴や独自性から、今後の人生を託せる企業かどうかを見極めています。

　同業他社より優位な点を採用担当者自ら語ることで、入社したい動機が明確になります。経営方針や将来像について応募者が納得したうえで入社しなければ、せっかく入社してもモチベーションが上がらず定着しないことがあります。

　経営者や役員が語る自社の特徴や独自性には、言葉の重みがあり応募者の心を動かします。会社案内に書かれていることを言葉で伝えるだけでは、応募者に響かないのです。採用担当者も経営者の分身として熱く語ってください。

　顧客が商品を購入する場合でも、決め手になる商品の特徴があります。採用業務も同様に、応募者が入社したい決め手になる企業の特徴や独自性が必要なのです。

　アピールできる特徴がないと考える採用担当者がいますが、採用担当者が自社に誇りを持たなければ、その気持が応募者に伝わり入社したい気持にはなりません。現状でアピールできるものがなければ、目指す方向性について伝えることができます。大手企業でも創業期は小さな町工場という企業も多いのです。大切なことは、**採用担当者が自社に対して愛社精神と誇りを持ち、その気持を具体的に求職者に伝えることです**。採用担当者が理解していても、応募者に伝わらなけ

れば採用担当者の業務を全うしているとは言えません。

　採用担当者同士で、ぜひ自社のウリとなる特徴、独自性、優位性について話し合ってみてください。採用担当者同士で温度差があると、せっかく良い人材が応募しても逃してしまいます。採用担当者がコンセンサスを取り自社の特徴や独自性を明確に語れることが、採用担当者として必要なスキルなのです。

　現在業界でトップクラスでなくても、トップを目指すと熱く語ることで採用担当者の思いが求職者に伝わりモチベーションが上がります。

　自社の特徴・独自性・将来像をきちんと伝えられる採用担当者が、良い人材を採用できるのです。

**自社のアピールポイントを整理する**

自社の特徴

---

自社の独自性

---

経営方針

---

将来像

---

**ポイント**
・自社の特徴・独自性を明確にする。
・求職者が理解できるように伝える。

第1章 採用体制を強化する

## 7．自社の魅力をリサーチする

　採用担当者が考えている自社の魅力と、新入社員の入社の決め手となった魅力が異なるケースがあります。採用担当者が自社の業界の位置づけや市場規模を積極的にアピールしていても、応募者があまり興味を持っていない可能性もあるのです。

　過去3年間に入社した新卒採用、中途採用の新入社員に対して、**自社を選ぶ決め手となった理由、入社前に想像していたことと入社後の違い、他社と比較して自社の採用をどう感じるか、自社の採用に対しての要望などについてアンケートを取ってみてください。**

　年齢層が違うだけで仕事に対する捉え方が違います。求人対象者の志向や価値観を理解せず求人募集をおこなっても、求職者に響かない募集になってしまうのです。

　できれば短期間で退職した社員の退職理由についてもリサーチしてみてください。辞めた本人に確認することが難しければ、退職者の上司にヒアリングもしくはアンケートを実施することは可能です。

　アンケートを記名式にすれば上司の目があり本音で書けない可能性がありますので、アンケートは無記名で書かせる方法があります。記名式で書かせる場合でも、あくまでも採用業務で生かす目的であり、個人的な評価には一切関係ないことを明記してください。

　採用部門の問題を指摘されることを恐れてアンケートをお

こなわないケースがありますが、問題点をもみ消そうとする採用部門では、良い人材を採用することは難しいかもしれません。

　営業部門や製造部門であればお客様アンケートを実施し、より良い商品を提供しようとするはずです。採用部門が新入社員の状況をリサーチしないで、採用業務をおこなうのは不可思議です。アンケート結果からすぐには実践できないものがある反面、すぐにでも生かせるヒントがあるはずです。

　アンケートの実施は、社員を大切にする姿勢をアピールすることにも繋がります。
自社の魅力や辞めて行く理由を整理することで、求職者に打ち出すポイントが鮮明になるのです。

## 第1章　採用体制を強化する

**アンケート（例）**

このアンケートは、3年以内に入社した皆さまが当社を選んだ理由、入社前と入社後の違い、現在抱えている問題点などを把握し今後の採用業務に生かしたいと考えています。無記名で構いませんので、〇月〇日必着で同封の封筒で返信してください。

1．入社を決める決め手は何でしたか？（複数回答可）

2．選考試験で採用担当者（面接官含む）の対応はどうでしたか？

2 入社前に考えていたことと違うことがありますか？（複数回答可）

3．当社の魅力は何ですか？（複数回答可）

4．採用段階での要望がありましたらお書きください。

5．職場環境などで改善してもらいことがありましたらお書きください。

ご協力ありがとうございました。

## 8．他社の求人内容を検証する

　他社の求人内容についてチェックしてみてください。少なくても同業他社の求人内容はきちんと押えておくべきです。自社の給与規定や労働条件は変えられないと固執した考えでは、良い人材は集まりません。特に新卒採用では、固定給を前年度より数千円上げるだけでも応募数が変わることがあります。

　新卒採用では、求人票で給与や休日を比較して決めている学生も多くいます。待遇や労働条件だけにこだわる応募者など欲しくないと考えるのはなく、待遇や労働条件が自社に興味を持ったきっかけであっても、採用プロセスを通じて魅力のある企業であることを伝えて、入社後の育成で仕事の捉え方を変えていくこともできるはずです。

　企業のなかには、予め残業時間を含めて固定給を高く提示している企業があります。あまりお勧めはできませんが、他社より少しでも優位な条件を提示したい苦肉の策なのかもしれません。

　大手服飾企業が週休３日制を打ち出しましたが、20年前にエステック業界で採用をおこなっていたときに、同業他社に先駆け週休３日制を導入したことがあります。労働集約性の仕事で変形労働時間を使い、１日の労働時間を長くして休日を増やす方法です。当時週休２日制もままならない状況のなかで週休３日制を打ち出すことで求職者にインパクトを与え応募者が殺到しましたが、すぐに同業他社も追従し効果は限

## 第1章 採用体制を強化する

定的でした。

　他社の求人広告のキャッチコピーをチェックしてください。キャッチコピーは、求職者が応募したいと思わせるためにも重要な企業のアピール文です。

　食品会社の人事に携わっていたとき、地名度がなく立地も悪い企業が学生にインパクトを与えるため、「内定者全員入社後すぐに食文化を知る海外研修」というコピーで、多くの応募者を集めた経験があります。「社長の片腕になる方を募集」というコピーもヒットしました。エステティックサロンのセッティングや清掃をおこなうパートタイマーを募集したときも「エステレディ募集」と名称を付けることで、応募の電話が殺到しました。

　**企業業績や商品力を前面に打ち出す企業がありますが、求職者はそのことが自分にどのような影響を及ぼすかを見極めています。別の言い方をすれば、求職者は自分のことを中心に考えているのです。**

　求職者が多くの企業のなかから応募企業を選択するために、同業他社にはない自社の魅力を打ち出すことが大切です。

### ポイント
・他社の求人内容より優位性のある募集をおこなう。
・求職者は募集広告から自分自身の将来像をイメージする。

### インパクトを与える求人例
・入社後すぐに海外研修

　　　　　⇒業界研究などの目的で他社との差別化を図る。
・週休3日制でプライベートも充実
　　　　　⇒変形労働時間を活用し休日を充実させる。
・資格取得を完全バックアップ
　　　　　⇒取得にかかる費用や学習時間をバックアップする。
・充実したリフレッシュ休暇
　　　　　⇒入社後間もない時期に付与すると差別化できる。
・年収1000万円も夢ではない
　　　　　⇒具体的な実例を示すことで信憑性が増す。
・誰もが狙える充実した表彰制度
　　　　　⇒表彰制度を充実させてモチベーションを高める。
・マンツーマンで親身に指導
　　　　　⇒応募者の不安を払拭する。
・株式上場に向けた社員持株会
　　　　　⇒帰属意識とモチベーションが高まる。
・通勤ラッシュと無縁な在宅勤務
　　　　　⇒同業他社に先駆け実施するとインパクトがある。
・中途入社のハンディが皆無
　　　　　⇒具体的な事例を示して入社意欲を促す。
・社長の片腕となる人材を募集
　　　　　⇒社長募集と同様にインパクトを与える。
・選択できるキャリアパス
　　　　　⇒将来選択できるキャリアパスは好感を持たれる。

## 9. 他社にない魅力を伝える

　他社にない魅力を伝えるうえで、自社の状況を確認する必要があります。善し悪しは別として多くの求職者が、安定した企業でスキルを高めていきたいと考えています。

　**求職者が企業に興味を持つきっかけは、職務内容、労働条件、待遇面、安定性、将来像です。**

　自社についてチェックをおこなうと、普段当たり前だと捉えて気が付かない魅力があるかもしれません。チェック表で「はい」を選択した項目は、打ち出し方によってはアピール材料になります。例えば過去５年間赤字を計上していないことは、安定した企業で安心して仕事ができるというイメージを与えることができます。年収500万円以上が社員の20％を占めるというのも、年収1000万円も夢ではないと打ち出せば、インパクトを与えます。

　自社の魅力を積極的に伝えるうえでも、アピールできる魅力について考える必要があります。
自社の魅力についてチェック表で検証してみてください。

## 自社の強み（参考）

・自社商品の特徴・優位性

・資金力

・同業他社と比較した位置づけ

・人事定着率

・平均給与

・新規業態

・研修体制　等

# 自社の魅力チェック表

1．はい　2．どちらともいえない　3．いいえ

**企業経営**

1. 商品、サービス等は、将来性が期待でき、確固たる地位を築いている。　　　　　　　　　　　　　　　　1．　2．　3．
2. 経営方針が明確で、社員が賛同している。　　　　1．　2．　3．
3. 過去5年間に赤字を計上していない。　　　　　　1．　2．　3．
4. 経常利益は毎年伸びている。　　　　　　　　　　1．　2．　3．

**キャリアプラン**

5. 具体的なキャリアパスがある。　　　　　　　　　1．　2．　3．
6. 昇給・昇格システムが明確である。　　　　　　　1．　2．　3．
7. 研修制度が充実している。　　　　　　　　　　　1．　2．　3．

**労働環境・労働条件・待遇**

8. 立地は、駅から徒歩10分以内である。　　　　　　1．　2．　3．
9. 新入社員の3年以内に辞める割合は、10％以下である。　1．　2．　3．
10. 就業規則・賃金規程・退職金規程を社員がいつでも閲覧できる。　　　　　　　　　　　　　　　　　　1．　2．　3．
11. 残業支給対象者に対して、手当てを全額支給している。　1．　2．　3．
12. 残業は通常月30時間以内に収まっている。　　　　1．　2．　3．
13. 週40時間以下の労働を実施している。（残業を除く）　1．　2．　3．
14. 年収500万以上の社員が20％以上いる。　　　　　　1．　2．　3．
15. 育児休暇を利用している社員がいる。　　　　　　1．　2．　3．

　　　　　　　　　　　　　　　　　計　（　　）（　　）（　　）

## 10. 求職者に存在価値をイメージさせる

　転職では労働条件や待遇面といった理由でだけでなく、現職や前職で存在価値を見出せないため転職するケースがあります。労働条件や待遇面はある程度は我慢できるものの、必要とされていない、あるいは将来に不安があるといった要因が転職を決断させるのです。

　中途採用では、ヘッドハンティングの手法を取り入れ、あなただからこそ採用したいという姿勢を示すことで求職者の気持は動きます。**活躍できるフィールドが用意されており、必要とされている実感から入社を決断するのです。**定番質問だけ淡々とおこない選別しているというだけでは、応募者は入社したいと思わず良い人材は採用できません。

　新卒採用を含めて、存在価値を発揮できる企業であることをイメージさせてください。自分を必要としていると応募者が感じることが、入社を決断する大きな理由の一つになります。そのためには、良い人材に対して企業側から必要としていることを言葉や表情で示し、具体的に活躍できる仕事を提示してください。

　仕事は、モチベーションが低ければ能力があっても成果を出すことができません。応募者のモチベーションを高めるためには、あなただからこそ採用したいという採用担当者の気持を感じることなのです。

　存在価値をイメージさせるためには、具体的な職務を提示し、応募者の経験を踏まえて活躍できるイメージを持たせま

す。採用担当者の言葉から、応募者が活躍できる姿をイメージできれば、ワクワクした気持で採用試験に臨みます。新卒採用においても、活躍している先輩社員から学生に対して説明をすれば、先輩社員をモデリングし自分に置き換えて考えます。

　企業が応募者を選ぶことに専念しているだけでは、良い人材は採用できません。選考するのは企業側であっても、入社するかどうかを決断するのは応募者なのです。

　応募者を見極めるうえでも自社で存在価値を発揮できる応募者かどうかという点が重要になります。言われたことだけやればいいという社員ではなく、問題意識を持ち改善していく能力や組織適応力がなければ存在価値は発揮できないのです。

　良い人材を採用するためには、自社で存在価値を発揮できる人材かどうか、提出された書類や応募者の言葉から見極めることが大切なのです。


**応募者に存在価値を感じさせる方法**
・求人広告に活躍している社員が掲載されている。
・イベントでは、年齢の近い活躍している社員を同席する。
・応募者の話をじっくり聞き共感する。
・必要な人材であることを適性や能力を踏まえて説明する。
・過去を評価しやるべきことを具体的に説明する。
・数年後の将来像を具体的に説明する。

# 11. キャリアパスを構築する

　求職者は、数十年先の自分の姿ではなく一般的に10年以内の姿をイメージします。初任給を高く提示してもその後昇給、昇格のチャンスがない企業だと捉えれば、良い人材は採用できません。意欲のある求職者は、入社した企業で貢献していきたいと考えますが、実力がないあるいは意欲に欠ける求職者は、入社時の条件面に固執します。

　入社後どのような昇給、昇格のチャンスがあるのかキャリアパスを具体的に提示してください。もちろん実力や実績により異なるものの、入社してみなければわからないという説明では、求職者は不信感を抱きます。

　求職者向けのイベントでもパネルや映像で具体的にキャリアパスを示せば、インパクトを与えます。求職者は入社後の自分の姿をイメージしますので、活躍できるキャリアパスを具体的に示すことが大切です。

　契約社員で採用し社員登用の途があると説明する企業がありますが、社員に登用される具体的な条件を提示する必要があります。実績や実力を考慮してといった曖昧な表現では、本当に社員になれるのか疑いの目を持ちます。

　紹介予定派遣においても、正社員登用ではなく通年採用としての途があると曖昧な説明している企業がありますが、これも企業側の都合が前面に出ており求職者にとっては好感を持ちません。

　現在は、求職者が企業を選べる時代です。企業側の都合を

優先した募集をしているだけでは、良い人材の採用はできないでしょう。正社員として雇用するのであれば、将来像をイメージできるキャリアパスを提示する必要があるのです。

キャリアパスと同時に、研修制度についても具体的に提示してください。特に新卒採用では、実務経験がないため実社会で仕事ができるか不安があります。20代の転職希望者も実務経験が浅いため、研修制度の充実した企業でスキルを高めたいという意識が強いのです。

実績主義、実力主義を前面に打ち出すあまり、人が育たず外部から常に募集をしている企業がありますが、日本企業の強さは、帰属意識と終身雇用制度にあると思います。**貢献できるキャリアパスがモチベーションを高め、将来の雇用について安心感を与える企業であれば、人が育ちその結果長く繁栄する企業になるのです。**

人を育てていく道筋を明確にすることで、社員は安心して働くことができます。社員を使い捨てにする企業は、企業の利益を優先し人員をコントロールするため良い人材が育たないのです。

### ポイント
・入社後の昇給、昇格について具体的に提示する。
・研修システムを充実させて人を育てる企業になる。

## 第1章　採用体制を強化する

## 12. ターゲットに向けて求人をおこなう

　闇雲に求人をおこなっても良い人材は採用できません。求める人物像をある程度明確にしたうえで、求人方法や求人媒体を考える必要があります。例えば30代の管理職候補を採用したいのに、20代のマネジメント経験がない登録者が多い求人サイトでは、該当する求職者から応募はありません。

　以前飲食業の人事をしていたときに、社長から女将を採用したいと言われてどうすべきか悩んだ経験があります。予め求人サイトで該当する候補がいないか調べると、該当者が1名いたため、該当者の経歴を踏まえて求人募集をおこない、その結果本人から応募があり採用しました。

　自社で活躍できる人材を採用できないときは、募集広告の内容を検討する必要があるかもしれません。中途採用で未経験者の応募が可能な募集でも、安易に未経験で誰でもできるという募集ではなく、自社で欲しい人材を明確にしたうえで、該当する求職者が応募するような求人募集をおこなうと志のある応募者が集まります。

　スカウト機能がある求人サイトでは、欲しい条件に当てはまる人材を検索することが可能です。人が集まらない企業だから応募を促していると感じる求職者もいますので、これまでの経験を踏まえたうえで自社が求めている人材と合致していると伝えたうえで、ぜひ会いたいというアプローチをしてください。

　技術者や特定の経験者を求める場合は、人材紹介会社に依

頼し採用する方法がありますが、採用したい人材が具体化されていないと、紹介は受けるもののマッチングしないケースがあります。特に人材紹介会社に依頼する場合は、漠然と経験者が欲しいというのではなく、具体的な職務能力や人物像について人材紹介会社のコーディネーターに説明することが必要です。

　ターゲットを絞っても応募者が集まらなければ意味がないと考えている採用担当者がいますが、**欲しい人材を考えないから求職者に採用の熱意が伝わらず集まらないのです。**

　ターゲットに向けた求人広告は、採用したい求職者により届きやすくなります。

　求人サイトで求める条件を限定し過ぎると、応募者は少なくなるかもしれませんが、応募者が多くても欲しい人材の応募が少なければ採用できない状況になります。

　どのような人材を採用したいのか、そしてその人材にどのように自社の魅力を伝えるべきなのかを検討してください。

**ポイント**
・採用したい人材を具体化する。
・具体化した人材に向けての求人をおこなう。

## 13. 採れないという言い訳をしない

　採用業務は、役員が直接携わらないことが多く採れない理由がまかり通ってきたのですが、今後は営業と同様に採れなければ採れる方法をすぐに検討し実行する必要があります。採れない理由は、売り手市場で大手企業に集中している、立地が悪いため応募者が集まらない、労働条件が悪い、企業イメージが悪い、採用経費が少ないといった様々な理由があると思いますが、採れないから仕方がないと手をこまねいているだけではなく、**採用担当者であれば、採れない言い訳をせず、採れる方法を提案してください。**

　新卒採用の選考開始時期が遅れることで、中小企業のため採用できないのであれば、選考時期にこだわらず前倒しで学生と接触し、自社の魅力と入社後の存在価値を伝えることができないでしょうか？

　選考前から学生の将来を踏まえて親身に対応すれば、大手にはない活躍できるフィールドや企業の将来性を重視し企業を選ぶ学生もいるのです。一方、大手企業に就職したい学生とそうでない学生では、就職の捉え方が違いますので、ブランド力や安定性を追い求める学生に対して、いくら口説いても時間の無駄になるかもしれません。

　立地が悪いのも言い訳です。現実に山奥で周囲にコンビニエンスストアもない企業に毎年応募者が殺到しています。立地ではなく職務内容、企業の将来性、経営方針、提供する商材、サービスなどが求職者の気持を動かすのです。

企業イメージが悪い点は、インターネットの普及もありなかなかすぐには払拭できないかもしれません。人材の大切さを理解している企業であれば、具体的に業務改善に着手し実行している姿を見せていくべきです。悪い情報も伝わりやすいですが、逆に良い情報も早く伝わる時代ですから、問題点を放置せず採用担当者が率先して改善に真摯に取り組むべきです。

　採用経費の問題は、企業の状況により異なりますが、経営者が採用市場を理解していないケースが多いので、採用担当者が求人市場について丁寧に説明をしてください。

　できない理由を並べるのは簡単ですが、どうしたら良い人材を取ることができるかという理由について考えて実行してください。

### ポイント
・求職者の志向は大手企業だけではない。
・自社の魅力を伝える戦術を実践する。

## 第1章 採用体制を強化する

## 14. 改善事項を後回しにしない

　労働環境や待遇面についての改善事項を後回しにしないでください。良い人材を採用したいと考えるならば、社員が長く働ける環境が必要です。厳しいが頑張れという精神論だけでは、良い人材は企業を選択しませんし、仮に入社しても定着しないでしょう。

　利益を出さなければいけないという体質から、社員の労働条件を疎かにする企業がありますが、悪循環のスパイラルに陥っていきます。社員の労働環境をおざなりにして、儲からないから劣悪な条件で仕事しろというようでは、入社しようと思いませんし人が育つわけがないのです。

　労働環境は、企業の社員に対する考え方や思いに影響します。終身雇用が崩壊、実績主義などと一時期騒がれましたが、実力主義の体制にシフトした企業の多くが利益を出せず苦労しています。社員は言葉に出して言わないものの、社員を大切に考えている企業かどうかを見極めています。日頃から社員を大切にしている企業であれば、多少労働条件が悪くても会社のために必死に頑張りますが、社員を使い捨てる企業であれば、良い人材は去っていきます。

　社員がいなければ企業は成り立ちません。辞めればまた採ればいいという考えでは、社員が定着せず企業の実績は伸びません。正社員は経費がかかるという理由で、派遣社員や契約社員でまかなう企業がありますが、与えられた仕事はこなすものの愛社精神や帰属意識は芽生えないかもしれません。

サービス残業の問題も、経営を圧迫するから仕方がないという考えで放置していれば、良い人材が辞めていくだけでなく、企業の実態が応募者に伝わり募集をしても良い人材が集まらないといった負のスパイラルに陥ります。このような企業に限って役員や幹部は悠々自適に生活していることも多いのです。

　採用担当者は、企業と採用現場両方を把握していますが、そのなかで改善できる事項は、嫌われても会社に提案し実践してください。求職者や社員も100％完璧な企業などないと理解していますが、**問題があっても改善する意志が見られない怠慢な企業であれば、人生を託そうなどとは思わないのです。**

　例えば残業時間が多い企業で、応募者から残業時間について質問を受けて偽りの回答をすれば、新入社員は入社後不振感を抱き辞めていきますが、現状の問題点と改善途中であることを伝えたうえで入社すれば、状況を把握しておりすぐに辞めるということはありません。

　良い人材を採用したいならば、社員を大切にする体制を築いてください。社員を大切にする企業は、社員がもっと企業のために貢献したいと考えます。その風潮は応募者に間違いなく届きます。改善はすぐにできないものもありますが、時間がかかっても社員の労働環境を整え、気持良く働ける環境を構築するのも採用担当者の大切な仕事なのです。

### ポイント
・労働環境や待遇の改善事項を後回しにしない。
・社員を大切に考える企業が最後は生き残る。

第1章 採用体制を強化する

## 15. できない採用担当者の特徴

　これまで述べてきたことを含めてできない採用担当者について考えてみましょう。できない採用担当者は人材の重要性について理解していません。仕事だからという冷めた考えで採用業務をおこなっていれば、応募者は入社したい企業だとは思わないのです。

　**できない採用担当者は、危機感を持たず採れない理由を経済状況や自社の企業規模、知名度にあると責任転嫁します。**

　できない採用担当者は、応募者の気持を汲み取れません。応募者が抱えている疑問や不安に耳を傾けず淡々と採用業務をおこないます。応募者にとって就職は、家を購入するのと同じ位将来を左右する転機なのです。冷めた表情で淡々と対応する営業担当者から、高額な商品を購入するでしょうか。

　就職や転職も同様に、採用担当者から採用への熱意や意欲を感じなければ、人生を託したいとは思いません。

　できない採用担当者は、基本的に人が好きではありません。人が好きでなければ、応募者の回答に興味を示しません。

　できない採用担当者は、上司の顔色ばかり気にしています。会社説明会で求職者ではなく上司とのコミュニケーションを重視している採用担当者がいますが、参加者は、ヒエラルキーの強い企業体質だと感じて魅力を感じません。

　できない採用担当者は、見た目や学歴、あるいは前職の企業名だけで採否を決める傾向があります。応募者と面接をおこなってもどうせ用意してきた回答しか言わないという考え

が根底にありますので、応募者のブランド力だけで採否の判断をしてしまうのです。

　できない採用担当者は、周囲を巻き込まず自分だけで仕事をおこなおうとします。一見頑張っているように見えるかもしれませんが、周囲の協力を得るのが面倒で自分の思うようにやりたいのです。採用業務では、経営陣や既存社員の協力が不可欠です。一担当者の曲がった考えが、企業衰退に近づいていることを理解しなければいけません。

　できない採用担当者は、感情的になりやすい一面があります。内定辞退をした求職者に罵声を浴びさせることもありますが、魅力のある企業としてアピールできなかった自分の落ち度を理解していません。そしてこのような採用担当者は、採ってやるという上から目線で採用業務に携わり、その結果内定辞退を引き起こすのです。

## 第1章　採用体制を強化する

**できない採用担当者の特徴**
・採れない理由を責任転嫁する。
・仕事に熱意や意欲がない。
・応募者の気持を汲み取れない。
・人に対して興味がない。
・応募者に目を向けず上司ばかり気にしている。
・学歴や企業名で採否を決める。
・応募者の回答に理解を示さない。
・自分の落ち度を顧みず感情的になりやすい。
・周囲を巻き込まず自分のペースで仕事をおこなう。

## 16. 良い人材の採用は採用担当者の影響が大きい

　良い人材を採用できるか否かは、採用担当者に左右されます。応募者は採用担当者と接触しながら企業を見極めています。採用担当者に好感を持ち信頼関係を築くことで、モチベーションが高まり安心して入社するのです。

　圧迫面接を徹底的におこない応募者のストレス耐性を見抜いているという大手企業の記事が掲載されていましたが、全くナンセンスです。サービス業のため顧客のクレームに対応できる人材を見極めるためという理由だそうですが、ネームバリューに魅かれて入社するケースはあるものの親身に企業のために尽くしたいという人材は採用できないでしょう。そして不採用になった応募者は二度とその企業のサービスを使いたいとは思わないのです。応募者と信頼関係を築けなければ、形式的な会話しかできず応募者の本心を見抜くことはできません。

　辞退した応募者に対して、その採用担当者の辞退率のデータを取ってみてください。採用段階で何らかの問題があり、応募者の意欲を衰退させてしまっている要因があるかもしれません。応募段階では多くの企業のなかの1社に過ぎず第一志望ではないかもしれませんが、応募者の回答に共感し応募者を正当に評価しさらに親身に対応することで、第一志望の企業に変わることがあるのです。

　応募者の意向に沿えばいいというわけではありません。仕

## 第1章 採用体制を強化する

事ですから当然厳しいことや思うようにならないこともあります。だからといって厳しさを前面に打ち出すだけの採用試験では能力のある良い人材は決して入社したいとは思わないのです。

応募段階では、縁故でなければ応募企業と何ら関係がありません。企業情報の知識も募集要項やホームページに記載されている程度かもしれませんが、採用担当者が実情を説明することで理解が深まるのです。役員面接で自社への思いが感じられないという応募者は、役員面接前に対応した採用担当者に問題があるかもしれません。

**採用担当者は、応募者に興味を持ち、先入観を持たずに対応することが大切です。**
応募者が採用担当者に好感を持ち信頼関係を築くことで、良い人材が採用できるのです。

### 応募者が好感を持つ採用担当者
・回答を真剣に聞き、さらに質問を繰り返す。
・上から目線で偉そうな態度を取らない。
・応募者の状況を理解しようとする。
・応募してくれたことに感謝している。
・応募者の立場になり親身に対応する。

## 17. 採用担当者の資質

　採用担当者の資質について考えてみましょう。採用担当者は、人が好きで人のために尽くせる資質が求められます。人を見極めるうえで大切なことは、応募者に興味を持ち魅力を引き出し採否の判断をします。そのためには応募者が本音で話すために信頼関係を構築しなければいけません。

　**採用担当者は、自社に誇りを持ちより伸びていく企業だと確信して採用業務をおこなってください。**自社に不審感があれば、間違いなくその気持が応募者に伝わり良い人材を採用できません。そして採用したからには、応募者を幸せにしたい気持で臨むべきです。

　応募者はそれぞれ歩んできた道が違いますので、応募者のこれまでの経験を理解したうえで、型にはまった採用手法ではなく応募者に準じた採用をおこなわなければいけません。定番質問を繰り返しているだけでは、予め用意してきた回答しか得られず本質を見極めることができないのです。

　本質を見極めるためには、聞く力が大切です。相手がもっと話したいと思う状況は、応募者が興味を持たれていると実感することです。

　応募者は、入社したい一心で少なからず自分自身を良く見せようとしますが、応募者の嘘を見抜けなければ、入社後ミスマッチングが生じます。応募者の回答内容だけでなく表情、語調、態度から冷静に見抜き対応することも必要です。

　採用担当者は、自己中心的な人柄では応募者の良い部分を

## 第1章 採用体制を強化する

判断できません。自己本意の固執した考えで応募者のアピールを判断すれば、採用担当者の価値観に近い人材のみの採用になり採用業務はうまくいきません。

採用担当者は、相手を受入れ相手の良い部分を自社でどのように生かすことができるか冷静にジャッジすることが求められます。

人が集まらないから誰でもいいという考えでは、益々人が集まらなくなります。集まらないからこそ自社の魅力を再考し求職者に伝える必要があるのです。

人と人の出会いは縁です。縁の大切さを理解しせっかくの縁を無駄にせず採用をおこなうことが大切です。

**採用担当者の資質**
・自社を誇りに感じ将来性を確信している。
・応募者を幸せにできると確信している。
・人に興味があり人のために尽くす。
・聞く力があり好感を与える。
・冷静に状況を認識し対応できる。

## 18. 採用力強化ポイント

・中期の人員計画に基づき採用戦略を構築する。
・自社のウリとなる強みを明確に打ち出す。
・採用担当者同士のコンセンサスを取る。
・他社の求人を上回る条件を検討する。
・応募者に共感し信頼関係を構築する。
・採れない言い訳をしない。
・経営者を巻き込んだ求職活動をおこなう。
・固定観念に捉われずターゲットに向けて求人する。
・採りたいターゲットに向けてメッセージを発信する。
・固定観念に捉われない求人をおこなう。
・労働環境の不備を整備する。
・費用対効果を検証する。
・年齢を問わず幅広く募集をする。
・未経験者の受入体制を構築する。
・できる限り兼任ではなく専従社員を投入する。
・採りたい人材により求人方法を使い分ける。

# 第2章
# 固定観念に捉われない採用

## 1．柔軟な発想で採用をおこなう

前章でも述べましたが、これまでの採用手法が今後も有効だとは限りません。良い人材を採用できなければ固定観念に捉われず採用業務について見直してみる必要があります。固定観念に捉われない採用手法について掘り下げて考えてみましょう。

固定観念に捉われない採用とは、新卒採用を中途採用に切り替える、パートタイマーや契約社員の活用を検討する、中高年を積極的に採用するなどがあげられます。

採用業務は、形式でおこなうものではありません。自社で貢献できる人材を採用することが目的であれば、**新卒、中途、正社員、非正規雇用などと枠を設けず広い視点で採用業務の在り方を考えることが大切です。**

建築会社の採用担当者から求人サイトで募集をしているが応募者が少ないと相談を受けましたが、求人内容を見ると現場の声で中高年は使いづらいという理由から年齢を若年層に

## 第2章 固定観念に捉われない採用

絞った経験者の募集をしていました。建築業界はどこも人材不足で人を集めることに必死な状況のなかで、特に若年層の経験者という限定した募集は難しいと説明しました。現場で中高年の経験者が使いづらい理由を明確にしたうえで、本当に中高年の経験者を活用できないか検討し、若年層は35歳位まで未経験者も可能な募集に切り替えるようアドバイスをしました。さらに未経験者が現場で仕事をおこなう前に座学を含めた研修をおこない安心して転職できる体制をウリにするよう提案しました。現場の声は大切ですが、現場の要望だけでは採用業務はうまくいきません。人が採用できなければ、必然的に業務が滞り結局現場が大変な思いをするのです。

新卒が採れなければ、新卒採用の募集を辞める、もしくは縮小して経費を第二新卒採用に充てることもできます。これまで毎年新卒採用を継続して採ってきたから辞められないという理由であれば、年齢が数歳しか違わない第二新卒がなぜ戦力にならないのでしょうか。

ブランク期間が長い求職者は難しいと考えている企業がありますが、子育てがひと段落した再就職希望者を活用することがなぜ難しいのでしょうか。労働時間などで折り合いがつかないならば、就業規則を変更することができないのでしょうか。ブランク期間が長いから戦力にならないという考えは、あまりにも短絡的です。優秀な人材であればすぐに勘を取り戻しますし必要であれば研修を実施して戦力にすることもできます。

中高年の採用は難しいと考えている企業も、前述した建設

会社の現場の意見と同様に先入観による拒否反応が強いと思います。中高年が使いづらい理由として、待遇面、既存社員との適応、健康問題などがあげられますが、中高年だからといって初任給を高くせず、実績に応じて給与を昇給する方法もあります。既存社員との適応は、むしろ年齢というよりは応募者本人の人間性によるところが大きいのですから、採用段階で見極めることが可能です。

　パートタイマーの有効活用についても検討してみてください。パートタイマーさえ集まらないと嘆く採用担当者がいますが、先日報道されたパートタイマーの募集では、時給900円で応募者が殺到したそうです。理由は託児所が併設されていることだそうですが、高い人件費や募集経費をかけても集まらないのであれば、発想を転換して求職者のニーズに応える施設を作ったほうが経費面だけでなく、働く人のモチベーションも上がります。

　採用業務は、経済状況の影響や市場の求職者ニーズに影響しますが、採れないならば採れる方法を考え迅速に対応すべきです。採用方法や求人ターゲットの見直しをおこない、求職者のニーズを汲み取り迅速に対応する企業であれば、求人難の時代でも確実に採用できるのです。

### ポイント
・枠に捉われず必要な人材を採用する。
・求職者のニーズを読み取り採用する。

第2章　固定観念に捉われない採用

## ２．第二新卒を採用する

　新卒採用が厳しい企業は、新卒採用の補てんをするうえでも第二新卒の募集を検討してください。第二新卒の定義は様々ですが、一般的には学校を卒業し３年未満、かつ25歳以下を第二新卒と呼びます。**第二新卒は中途採用であり、通年の募集が可能ですし新卒採用のような採用試験や内定時期などの縛りがありません。**新卒採用では社会人としてのビジネスマナーを一から教育する必要がありますが、第二新卒では社会人経験がありますので、実務面では未熟でも新卒採用より短期間で戦力になることが期待できます。

　大手志向で入社した企業で思うような仕事ができないため、第二新卒として転職を希望する求職者もいます。学生時代にやりたいこと、できることについて深く考えず企業の知名度や規模だけで企業選択をした経験から、第二新卒では企業名や知名度ではなくよりやりたいこと、できることをおこないたい理由で転職を考えている人もいます。

　求人募集で「第二新卒可」あるいは「第二新卒歓迎」といった曖昧な求人ではなく「第二新卒の方を積極的に採用します！」「第二新卒のための研修制度でスキルアップ」というように、ターゲットを絞ったキャッチコピーで、第二新卒向けの求人募集をしてみてはいかがでしょうか。

　一昔前は、第二新卒に的を絞った求人も多かったのですが、最近はまだ少ない状況です。他社に先駆け第二新卒の募集を積極的におこなうことで、25歳以下の求職者の目に留まりま

す。

　第二新卒の求職者は、今度は失敗したくない気持と仕事が務まるかという不安を持っています。この点を払拭する求人広告を掲載し、第二新卒を重点的に採用し新卒採用の人員を補てんすることを検討してください。

**第二新卒メリット**
・新卒と年齢差がなく柔軟性のある採用ができる。
・新卒と比較しビジネスマナーを心得ている。
**第二新卒ディメリット**
・ストレス耐性や精神面を注視する必要がある。
・短期間で実務面の能力が期待できないことがある。

第2章 固定観念に捉われない採用

## 3．中高年を採用する

　求人募集の規定で原則として年齢制限を設けた募集ができなくなったものの、不足している年齢層という理由で若年層に絞った年齢枠を設けて募集をおこなっている企業が多くあります。中高年の採用が難しいという先入観を捨てて、中高年を活用するという発想の転換をしてみてください。

　待遇面で問題があれば初任給は安くし、実績に基づき昇給していく仕組みを作ることもできます。長年勤務してきた実績や経験年数から前職の給与が高いのであって、**転職先企業では新人社員としてチャレンジする意志があり実行できる中高年の求職者を積極的に採用すればいいのです。**

　既存社員の年齢層が若くバランスが取れないという考え方ではなく、年齢に関係なく企業貢献する社員を適正に評価する制度を構築することができます。部下が年上だから使いづらいというのも、若い上司の職務能力が高ければ中高年の新入社員は納得します。

　中高年の採用で失敗する理由の一つとして、過剰な期待や成果を求めることが上げられます。「とにかく当社を良くして欲しい。」といった曖昧な要望では、せっかく採用しても成果を上げることができず、中高年は使えないという結果になってしまうのです。採用するからには、具体的な職務を明確にして仕事がやりやすい環境を整えたうえで採用すべきです。成果を出さなければと焦るあまり既存社員とうまくいかず会社を批判して辞めてしまうのです。

年金支給開始時期が65歳になり、定年退職が65歳に延長されることで、現職で本当に大丈夫かと悩んでいる中高年は多くいます。実力があるのに昇格のラインからはずれてやりがいを失っている中高年もいます。中高年は売り手市場の35歳以下の求職者と違い、最後の転職という決意で転職しますので、危機感を持って仕事をおこなえば、若年層より粘り強さがあり良い成果に繋がる可能性があるのです。

　若年層に年齢を絞った求人があるならば、中高年に年齢を絞った求人があってもいいのです。若年層や年齢を制限した求人募集だけでなく、実績や経験を生かせる中高年の採用を検討してください。

**中高年採用のメリット**
・経験、人脈などを生かし即戦力として期待できる。
・厳しい雇用情勢から危機感を持って仕事をおこなう。
**中高年採用のディメリット**
・待遇面にこだわり柔軟性がない求職者がいる。
・プライドが高く使いづらい求職者がいる。

## 第2章 固定観念に捉われない採用

## 4．再就職希望者を採用する

　子育てなどの理由で数年間のブランクがあり仕事に復帰したい再就職希望者を戦力として生かすことを考えてください。復帰に伴う知識、技術研修をおこなえば、短期間で戦力として生かすことが可能です。前職退職前までの経験は、数年間のブランク期間があっても取り戻せるはずです。

　再就職希望者の採用を躊躇する理由として、労働条件で既存社員とのバランスを懸念しますが、様々な働く形態があり長く勤務できる企業だというイメージは、既存社員にとっても決して悪い印象は与えません。

　業績が必ずしも労働時間に比例するわけではありません。残業時間がゼロであっても業績を落とさず利益を伸ばしている企業があります。正社員であっても企業に出社せず在宅を拠点として仕事ができる企業もあります。

　正社員はこうあるべきだという固定観念では、良い人材は採用できません。**社員の家庭環境や事情を汲み取り対応できる企業であれば、社員の定着率が上がるだけでなく会社のために尽くしたいという気持が強くなるのです。**

　マザーズハローワークでは、多くの女性が再就職するためにセミナーなどを受講しています。

　これからは、労働時間や働く環境についてフレキシブルに対応できる企業に良い人材が集まります。

　社内体制の見直しを含めて、再就職希望者の採用について検討してください。

**再就職希望者のメリット**

・前職で培った経験や技術を生かせる。

・女性や主婦のニーズを汲み取った仕事ができる。

**再就職希望者のデメリット**

・労働時間などで既存社員から不満が出る可能性がある。

・子供の状況で勤務が不安定になる可能性がある。

## 5．パートタイマーを採用する

　パートタイマーをすでに採用している企業も多いと思いますが、有効に活用できているか検証してみてください。パートタイマーが社員以上の戦力になることがありますし、女性目線の商品開発やサービスで能力を発揮することもあります。

　パートタイマーの求職者は、少なからず時給や労働時間といった条件面を優先します。パートタイマーの募集が多い地域では時給が高騰している半面、託児所を完備しているというように求職者のニーズに沿った環境であれば、時給が安くても多くの応募者が集まります。

　パートタイマーの昇給、昇格の仕組みを構築することで、仕事のモチベーションが上がります。**時間から時間まで働けばいいという考えから、やりがいを求めるパートタイマーが増えてきているのです。**

　募集のネーミング一つで応募者が多く集まることもあります。求人広告から働く環境をイメージしますので、偽りの広告はいけませんが仕事内容などについても配慮してください。

　店長や役員になるパートタイマーもいますので、パートタイマーを積極的に活用し、社員の補てんだけでなく企業の戦力として活用していくことを検討してください。

**パートタイマーのメリット**

・必要な時間帯により雇用できる。

・通常正社員より人件費が安い。

**パートタイマーのディメリット**

・パートタイマー同士で固まりやすい。

・問題のあるパートタイマーがいると定着しない。

## 第2章 固定観念に捉われない採用

### 6．未経験者（中途採用）を採用する

　これまで中途採用で経験者中心に採用してきた企業でも、未経験者の採用を検討してみてください。特に20代、30代前半の既存社員や離職者のなかには、未経験の職種に就きたいと考えている人が多くいます。新たな職種に就いてやりたいことを実践したいという思いが強いのです。

　考え方を変えれば、社内でも人事異動がありこれまでと違う職種に携わることがありますが、すぐに戦力として活躍する社員も少なくありません。以前は経理職の募集では圧倒的に経験者の募集が多かったのですが、最近は未経験者歓迎という募集も増えてきています。

　**転職は、通常退職者の補てんのために募集をすることが多いため経験者の採用を優先しますが、短期間で戦力になる研修をおこない、未経験者を育成していくことを検討してみてください。**

　金型設計をおこなっている経営者が、経験者は条件面にこだわり定着しないため未経験の社員を採用してみると、予想以上の仕事をして満足していると言っていました。教育体制を整備すれば、未経験者を活用することも可能なのです。

　これまでの経験が邪魔をして新たなチャレンジを怠る経験者よりも、未経験者の純粋に仕事に取り組む姿勢が、業績を伸ばすだけでなく既存社員から好感を持たれることもあります。

　経験者でなければいけないという考えから、未経験者をど

うしたら生かせるかという発想の転換をすることで、求人の幅が広がるのです。

### 未経験者のメリット
・仕事に貪欲に取り組む。
・異なる職務経験を生かせることがある。
### 未経験者のデメリット
・指導体制が整っていないと育たない。
・現場から使いづらいと不満が出る。

# 第3章
# 新卒採用の効果的な求人方法

## 1．新卒学生の傾向を理解する

　経団連の指針を遵守せず選考時期を早めて採用活動をおこなっている企業もあります。そのため大手志向の学生であっても、保険をかける意味で内定を取っておきたいため、就職活動が長期化し、活動そのものに疲れてしまい大手企業の採用試験を待たずに内定を受諾し、就職活動を終了する学生もいます。

　学業に負担をかけないために選考開始時期を遅らせたことが、逆に長期間の就職活動を強いることにつながり、学生の意欲や熱意が失せてしまう傾向も否めません。

　新卒学生向けセミナーなどでヒアリングをすると、**安定志向で、企業でスキルを高めたいと考える学生が多くいます。**一昔前のように完成はされていないが原石のような輝きのある学生ではなく、可もなく不可もなく捉えどころがない学生が増えているようにも思えます。就職にそれほど期待せず、安定した生活が送れればいいという学生も多くいます。彼ら

は10年、20年先ではなく数年先の姿をイメージして企業を見極める傾向があります。

　1年生から就職のためのキャリア関連の講座を必須科目とする大学も増えており、知識やテクニックが先走っている傾向も見られます。

　このような現状を否定するのではなく、学生の志向を掴んだうえで、採用段階で意識や行動の変化を促すことが必要です。大手企業だから安定しているという捉え方ではなく、中小企業においても安定性や将来性をきちんと伝え、中小企業だからこそ活躍できるフィールドを示すことで、学生の気持に変化を促すことができます。

　スキルを高めたいという志向に応えることは、企業規模を問わず可能なはずです。入社後OJTを含めてどのようにスキルを高めていけるのか、そしてその経験がどのように企業で生かせるのかといった点を、わかりやすく丁寧に説明することが大切です。

### 新卒学生の傾向
・安定志向の学生が多い。
・企業でスキルを高めたい学生が多い。
・長期間の就職活動に疲れている。
・可もなく不可もない掴みどころがない学生が多い。

## 2．学校と連携を強化する

　高卒の新卒採用では、高等学校の就職課の先生との繋がりを深めることで、学生を推薦してもらえる機会が増えます。求人票を学校に送付するだけでは、就職課の先生は企業の実態が理解できないため学生に勧めにくいのですが、採用担当者が足を運び説明することで推薦に繋がります。最近は、学生の選択を優先する傾向があるものの、高校生にとって求人票や会社案内だけではどうしても実情が理解できないため、最後は先生のひと押しで学生が決断します。

　高卒採用では、少子化により両親が県外へ出したがらない傾向がありますが、県内の就職先が少ないなかで県外に就職しスキルを高めて活躍できる企業であることを説明すれば、一定の理解を得ることができます。

　専門学校や大学においても、就職課やキャリアセンターとの連携を強化することをおこなってください。理系の学生は、大学教授の勧めで企業選択するケースも多いのですが、文系であっても専門学校、大学に求人票を置き、就職担当者との関係を深めることで学生に勧めてもらえるケースがあります。

　卒業生に先輩社員がいる場合は、社員の近況報告のための訪問もおこなってください。募集の解禁時期は多くの企業が殺到しますので、4月入社後暫くして訪問すれば、他の企業に先駆けて自社をアピールすることもできます。

　大学や専門学校でおこなう就職イベントにできる限り協力することを伝えると、学校との関係が強化されます。

## 第3章 新卒採用の効果的な求人方法

　求人が厳しい時期だけ学校にお願いするようでは、信頼関係は構築できません。学生の就職が厳しいときこそ率先して採用することで、担当者は企業に感謝し長いお付き合いができます。

　新卒採用では、入社前に両親と面談をおこない企業の説明をおこなうことで、両親の不安を払拭することができます。また入社後も定期的に両親に報告をすることで、両親との信頼関係を構築できるだけでなく学校にとっても安心して推薦できる企業になるのです。

　学校や両親を訪問するのは、時間と手間暇がかかりますが、足を使って地道に訪問することが大切です。

**学校との関係を強化する**
・求人票を送付せず持参して説明する。
・卒業生の状況を報告する。
・学校主催のイベントに協力する。
・必要に応じて両親に説明をおこなう。
・就職が厳しいときこそ協力する。

## 3．求人サイトを活用する

　新卒採用をおこなっている多くの企業が、求人サイトで募集をおこなっていますが、掲載すれば学生が集まるわけではありません。特にインターネットでは多くの企業が求人を掲載しているなかで大手企業や知名度の高い企業に閲覧が集中して、なかなか自社のサイトを見てもらえない可能性があります。

　学生が求人募集記事から会社説明会に参加したいと思わせるためには、求人広告にインパクトを与える必要があります。他社と差別化したインパクトのあるキャッチコピーで目を引き、生き生きと働く社員像で安心感を与えます。さらに労働条件や待遇面でも差別化できるか検討してください。

　会社説明会の日程も企業側の都合で回数が少なく日程が相当先ですと、学生は参加したいと思いません。企業側は、短期間で経費をかけず効率良くおこないたいのかもしれませんが、求職者の視点に立って説明会を開催してください。

　説明会の案内文も開催日時を事務的に伝えるのではなく、他社と差別化した説明会の内容を告知することで参加者数は増えます。インターネットでは定型文もあり便利なのですが、だからこそアナログの文章で学生に近づく必要があります。

　企業側からスカウト機能などでアプローチできる場合、事務的な定型文で説明会の参加を促しても参加者は伸びません。登録者の履歴を読んだうえでぜひ参加してもらいたいという学生への個別メッセージを送ることで参加を促してくだ

さい。

　求人サイトが企業と学生の接点になります。**学生は、採用担当者の対応から企業の採用意欲を見極めています。求人サイトでは、まめにチェックをおこない問い合わせなどに迅速に対応してください。**エントリーしたが返信がない、問い合わせをしても返答がないという状況では、せっかく良い人材がエントリーしても採用に繋がりません。

　求人サイトと同時に自社のホームページでも求人募集を掲載し、求人サイトとリンクを張って告知してください。

　求人サイトの便利な機能を活用しつつ、採用担当者と学生の出会いに感謝しきめ細かい対応をおこなう採用体制が、良い人材の採用に繋がるのです。

### 求人サイトの活用
・説明会の案内文を定型文に頼らない。
・キャッチコピーで差別化を図る。
・年齢が近い先輩社員を掲載する。
・労働条件、待遇面の差別化を検討する。
・学生への対応を速やかにおこなう。

## 4．人材紹介会社を活用する

　中途採用だけでなく新卒採用でも人材紹介会社を活用することができます。メリットは求人サイトの管理や学生を予めフィルターにかけて選別する必要がなく選考に集中できます。また採用することで費用が発生する成功報酬型であれば、費用をかけたが採用できないということはありません。

　新卒採用を自社でおこなう場合、数ヵ月に渡り採用業務をおこなわなければならず時間と経費がかかりますが、**人材紹介会社を活用すれば、自社の業務に興味のある学生の紹介を受けることができ、手間暇をかけずに採用することができます。**

　一方ディメリットは、学生との接触が限られてしまい必ずしも欲しい人材が採用できるとは限らない点です。人は商品とは違いますので、必ず良い人材の紹介があるとは限りません。

　転職者であれば、実務面について具体的に要望を伝えることができますが、実務経験のない学生であれば専攻は判断材料になるものの、ポテンシャルや性格といったやや曖昧な部分で紹介を受けることになります。また学生のなかには紹介をされたから応募したという受身の姿勢で応募する学生がいますので、人材紹介会社の紹介であっても職務をきちんと説明し、自社だからこそ入社したい意欲を見極めなければいけません。

　成功報酬型ですので、採用目標人数が多い場合は、自社の

## 第3章 新卒採用の効果的な求人方法

募集と併用して活用してみてください。独自の募集と紹介会社経由で入社した人材について、採用経費や入社後の状況を検証し今後の採用方法を検討してください。人材紹介会社経由で採用した人材が活躍し、費用面でも割安であれば人材紹介会社を使った採用にシフトしていけばいいのです。

　初期費用を掛けずに学生と接点を持てる人材紹介会社の活用は、新卒採用においても有効な方法なのです。

**人材紹介会社活用のメリット**
・成功報酬型であれば費用対効果でメリットが期待できる。
・採用業務に割く時間を削減できる。
・志のある学生と出会える可能性がある。

**人材紹介会社活用のディメリット**
・必ずしも採用に至るとは限らない。
・実務経験がないため定着しない可能性がある。
・多くの学生から選別ができない。

## 5．アルバイトで接触する

　優秀な学生を早期に確保したい目的で、大学3年次にインターンシップをおこなう企業が増えています。学生にとって志望企業と接触するチャンスであり、人気企業のインターンシップに参加するのが難しい状況です。大手企業のインターンシップ参加希望者が多い状況では、中小企業がインターンシップを企画しても、ターゲットとする学生が集まらない可能性があります。

　中小企業が大手企業と同じ企画をしてもうまくいきません。別の味方をすれば大手企業ではできない企画を立てて学生を集めることを考えてください。

　サービス業でアルバイトしている学生の多くが、就職ではアルバイト企業に就職しようとしない傾向がありますが、経験のあるアルバイトをなぜ積極的に社員に採用しようとしないのでしょうか。

　アルバイト経験を評価し、一般の学生と差別化した待遇で受け入れることを検討してみてください。**正社員を希望しない理由の一つとして、仕事や待遇に魅力を感じていないのであれば、正社員登用を踏まえた仕事内容で、学生アルバイトの時給をアップさせる方法があります。**アルバイトの人件費が増加することを懸念し踏み込めないかもしれませんが、正社員登用が目的であれば、雇用した部署に人件費を計上せず本部の採用経費として運営することもできます。

　アルバイトではなく、契約社員もしくは短時間制社員とし

## 第3章 新卒採用の効果的な求人方法

て採用することもできます。学生だから社員になれないという理由はどこにもありません。一般のアルバイトと差別化し正社員に近い仕事をしてもらえば、卒業後短期間で戦力になることが期待できます。

私も大学時代に国際電話のオペレーターとして週5日、20時から0時まで短時間制社員として仕事をしましたが、給与は深夜手当も支給されるため大卒新入社員の給与とそれほど差がない金額でした。4年間勤務し正社員で入社した仲間もいました。大学生だからアルバイトとしてしか雇用できないという考えではなく、大学生のときから卒業後の正社員採用を踏まえた身分で雇用する方法をぜひ検討してみてください。

現状は、就職活動時期に説明会をおこない、採用試験を実施し内定を出すというのが一般的ですが、日本も今後新卒採用の在り方が変化していくと思います。これまでのように就職活動解禁時期に一斉にリクルートスーツを着て企業訪問する姿が将来見られなくなるかもしれません。学生時代から企業と学生の関係が深まれば、あえて就職活動をおこなわず卒業後そのまま就職する道筋ができるのです。

数年後を見据えてアルバイト、契約社員から正社員として採用する仕組みを検討してみてください。

### アルバイト社員から正社員に登用
・正社員登用を踏まえたアルバイト採用をおこなう。
・アルバイトの待遇で差別化する。
・正社員採用時の待遇で差別化する。
・アルバイトであっても正社員と同様の扱いを検討する。

### アルバイト社員のディメリット
・必ずしも自社に入社するとは限らない。
・他のアルバイトのモチベーションが下がる可能性がある。
・学生でありながら負担を強いる可能性がある。

## 6．食事会で本音を探る

　説明会から採用試験のエントリーが少ない場合は、会社説明会の在り方について検討してください。各社様々な手法で会社説明会をおこなっていますが、説明会参加者に対して、採用試験前に先輩社員を交えた食事会を計画してみてはいかがでしょうか。

　採用担当者に対して選考されているという意識を持ち本音で語れない可能性があります。年齢が近い活躍している先輩社員を同席した食事会を開催することで、学生は企業の実情を理解できますし、企業も学生と本音で話しをすることが可能です。

　企業の実情を理解したうえで入社しなければ、採用はできてもミスマッチングが生じ定着しません。**会社説明会の一環として先輩社員を交えた食事会を開催すれば、学生は先輩社員から企業の良い面だけでなく実情も知ることができ、理解が深まるだけでなく企業との繋がりを深めるチャンスになります。**

　既存社員の母校の後輩に対してリクルーティングをおこなう企業もありますが、仕事をおこないながらのリクルーティング活動が難しいケースがあります。会社説明会の一環として既存社員が食事会に参加することはリクルーティング活動より負担が少なく効率的に既存社員を活用することができます。

　食事会参加後、学生が正式に応募することで、学生は実情

をより理解し親近感を持って採用試験に臨むことができます。学生は、入社後仕事を全うすることができるか、仕事に価値観を見出せるか、そして良好な人間関係が築けるかといった点を気にしますので、既存社員との接触は応募者の不安を払拭するうえでも有効なのです。

　数百名の採用をおこなう企業では、個別の対応が難しいかもしれませんが、数十名の採用であれば、食事会を通じてきめ細かな採用活動ができます。

　内定後の懇親会をおこなう企業は多くありますが、会社説明会の一環として先輩社員と交流を深める食事会を検討してみてください。

### 食事会のメリット
・先輩社員から話を聞くことで学生の不安を払拭できる。
・食事を通じて親近感が増す。
・応募者の状況を理解した採用試験がおこなえる。

### 食事会デメリット
・冷やかしで参加する学生がいる。
・先輩社員のモチベーションに影響される。
・食事会費用がかかる。

## 7. SNSを活用する

　採用担当者が発信するフェイスブックなどSNSなどの活用を検討してください。
学生はフェイスブックを通じて、採用担当者だけでなく既存社員の仕事を理解することで、距離感がなくなり不安を払拭できます。

　学生は、社会人経験がないため実社会で務まるかどうか不安を抱いています。フェイスブックやブログで採用担当者の顔が見えて、さらにメッセージのやりとりができることで企業との距離が近くなります。

　継続して情報を発信していくのは大変ですが、学生に対してメッセージを配信する姿勢は、学生にとって好感が持てます。学生は多くの企業のなかから1社選択しなければいけません。会社案内や説明会だけの情報ではなく生きた日々の情報は大変興味深いものになります。

　フェイスブックやブログは、それほど興味を持っていない学生に対しても生きた情報を発信することで、気持を動かす可能性があります。

　求人情報や会社説明会はどの企業もおこないますが、採用担当者の顔が見える情報はあまり実施されていません。距離感が縮まることが採否に影響すると考える企業もありますが、学生に選ばれなければ選考そのものができないのです。

　インターネットを活用し企業情報や採用情報を発信していくことは、これから益々必要になるでしょう。

**ホームページはどうしても一方的な情報の発信が中心になりますが、SNSは情報についてリアルタイムで動向を把握でき身近な存在になります。**

経費をそれほどかけずに学生との距離を縮めるうえで、SNSは有効なツールなのです。

### SNSのメリット
・学生との距離感が縮まる。
・仕事内容がリアルに伝わる。
・企業イメージを高めることができる。
・費用をかけずに応募者を広げることができる。
・学生が生の企業情報を得ることができる。

### SNSのディメリット
・公開していい情報の識別が必要になる。
・採用担当者の個人情報が公開される。
・常にチェックをおこなう負担を学生が感じる。

# 第4章
# 中途採用の効果的な求人方法

## 1. 転職希望者の傾向を理解する

　転職者の傾向は、年代により異なります。20代前半の求職者は、新卒で入社した企業を短期間で辞めるため今度は失敗したくないという気持が強く、自分に合う企業かどうか慎重に見極めています。そのため内定を出してももっといい会社があるのではと考え、内定を辞退するケースがあります。

　20代後半の求職者は、売り手市場の年代であり、より良い条件で転職したいと考える求職者が多く、条件面で合致しなければ入社しないと考える強気な傾向があります。この年代は、職務能力があり将来性を期待できることから多くの企業が欲しがる年代ですが、条件面で動く傾向があるため定着しない可能性があります。

　30代で特に35歳前後の求職者は、この時期に転職しないと今後転職できないと考え、とりあえず応募してみる求職者がいます。在職中で現職に特に問題がないのになぜ転職するのか疑問を持ちますが、将来に不安があり高く売れる転職時期

## 第4章 中途採用の効果的な求人方法

を逃したくないと考えているのです。

　40代以降の求職者は、社内のリストラや昇格人事から外されたため将来に希望が持てず転職するケースがあります。マネジメント能力がウリとなる年代ですが、マネジメント経験がないもしくは、マネジメントではなく実務を継続したい求職者もいますので、本人の意向を見極める必要があります。40代以降の求職者のなかには、転職後実績を出すことができず前職の自慢話や実績を出せないことを企業体質や経営者に問題があると主張し、既存社員に影響を与えることがあります。管理職候補を採用する場合は、過去の経歴だけでなく、自社で求める職務を明確にしたうえでこれまでの経験を生かしてできることを採用段階で確認することが大切です。

　**転職市場の求人件数が多く売り手市場の傾向がある一方、実力や条件が伴わずなかなか決まらない求職者も増えています。**

　非正規雇用者も増加しており、新卒の学生と同様に安定した企業で長く勤務したいと考える求職者が増加しています。

### 中途採用応募者の傾向
・失敗したくない意識が強く企業選択に慎重である。
・安定性、スキルアップの志向が強い。
・不採用を恐れて積極的に活動しない傾向がある。
・条件面を重視する求職者がいる。
・将来に不安を覚え転職を考える応募者がいる。

## 2．求人サイトを活用する

　中途採用では、求人サイトを利用して求人募集をおこなうケースが多いのですが、企業名や求人掲載内容により応募者の反響が異なります。**求める人材を具体的に掲載し応募者を絞り込んだ求人から、未経験者を歓迎する求人まで幅広く掲載が可能です。**求める人材のハードルが高い場合は、待遇面などで同業他社と比較をして優位でなければ、良い人材を採用できない可能性があります。自社の育成を含めて幅広く募集をするのか、即戦力として高い職務能力がある人材に絞るのか検討が必要です。

　応募者は具体的な仕事内容や社風を気にしますので、既存社員の写真や言葉を掲載することで応募者に安心感を与えます。キャリアパスを掲載することで、数年後の姿をイメージさせることができます

　企業側が求職者の履歴を閲覧し登録者にアプローチをするスカウト機能がある求人サイトがありますが、ただ応募を促すだけでなく、履歴を読み取ったうえでぜひ応募して欲しいという採用担当者のメッセージを送りきめ細かな対応をおこなってください。

　応募に対しての返信文を定型文ではなく、応募者個人に対してのメッセージを添えるとインパクトを与えます。前職での評価や人間関係が原因で辞めている求職者は、採用担当者からの温かい一文から必要とされていると感じて心が動くのです。応募者に対して速やかに返信することで、採用意欲と

## 第4章 中途採用の効果的な求人方法

企業体質をアピールできます。

　転職回数、ブランク期間、年齢などでフィルターをかけて選別する企業がありますが、ネガティブな要因があるから面接をしないという姿勢では、良い人材を逃してしまう可能性があります。転職回数が多いからこそ今後はじっくり腰を据えて頑張る応募者もいます。逆に転職経験がないため新しい環境に馴染めずすぐに辞めてしまう人材もいます。

　自社のホームページにおいても、採用情報を掲載し募集をおこなうことを検討してください。求職者は求人サイトと企業のホームページでどちらから応募すべきか悩みますので、求人サイトに掲載している期間は、応募については求人サイトに絞ったほうがいいかもしれません。

　求人サイトにより外資系に強い、営業系に強い、技術系に強いといった特徴がありますので、求める人材に合致した求人サイトを活用してください。

**求人サイト活用ポイント**
・求める人材について具体的に記載する。
・スカウト機能を活用し求職者と接触する。
・返信は速やかにおこなう。
・定型文に頼らず応募者とやりとりをする。
・自社のホームページも活用する。

**求人サイト活用のディメリット**
・掲載期間が限られている。
・同業他社と競合するケースがある。

## 3．人材紹介会社を活用する

　特定のスキルや経験のある人材を求める場合は、人材紹介会社を活用してください。人材紹介会社は、原則として成功報酬型なので初期費用は発生せず採用した段階で費用が発生します。通常年収の20％〜30％を採用後に支払いますが、採用できなければ費用は発生しません。

　人材紹介会社によっては、スキルや経験を満たしていなくてもとりあえず登録者に応募を促すケースがありますので、欲しい人材について具体的に要望すべきです。

　**人材紹介会社によって技術系に強い、外資系に強いといった特徴がありますので、複数の人材紹介会社へ依頼してみるといいでしょう。** 人材紹介会社から応募する求職者は、直接応募する応募者と比較して、自社への入社意欲や熱意に欠けるケースがあります。技術やスキルをウリとして好待遇を求めて人材紹介会社へ登録している求職者もいます。

　求める職務能力があるかを見極めるだけでなく、自社への思いや将来のビジョンについても確認してください。条件面で企業を決める応募者であれば、良い条件の企業があれば再び転職する可能性があります。

　人材紹介会社への依頼と並行して、求人サイトを使った求人も合わせておこなうと効率的な採用がおこなえます。求人サイトは掲載時に費用が発生するものの求人サイトで採用できれば、一人当たりの採用経費は人材紹介会社経由で採用するより通常割安で採用できます。

## 第4章 中途採用の効果的な求人方法

　特定の人材を採用したい場合は、ヘッドハンティングをおこなっている企業へ依頼することができます。同業社の役職者をヘッドハンティングで採用した場合、後々トラブルにならないか検討する必要があります。

　人材紹介会社を上手く活用するために、紹介会社のコーディネーターと良好な関係を築いてください。自社の欲しい人材を要望するだけでなく、転職市場の情報をもらい採用条件を再検討することができます。

　人材紹介会社を利用した求人では、求人を公にせず非公開の求人をおこなうことも可能です。

　30代以降の求職者のなかには、自ら応募せず人材紹介会社のみで転職活動をおこなっている場合がありますので、欲しい人材が採れない場合は、人材紹介会社へ相談をしてみてください。

### 人材紹介会社の活用ポイント
・欲しい人材を明確にして依頼する。
・求人サイトの募集を併用することを検討する。
・自社への入社意欲を見極める。
・非公開の求人募集ができる。
・コーディネーターから情報をもらう。

### 人材紹介会社活用のディメリット
・該当者がいないため紹介を受けられないことがある。
・求人サイトと比較をして割高になる可能性がある。

## 4．ハローワークを活用する

　ハローワークを使った求人も検討してください。求職者のなかには、ハローワークの求人は記載内容が少なく不安だという声が聞かれますが、**自社のHPで求職者に向けた情報を発信すれば、情報量の少なさは補えます。**

　採用しても求人をそのまま掲載している企業がありますが、求人を終了したら速やかに掲載を打ち切るべきです。

　幅広い求職者がいるため求める人材としてのレベルに達していない応募者が集まる可能性がある反面、優秀な応募者がいないというわけではありません。応募者が増えて面接で多少時間がかかるかもしれませんが、良い人材を把握するうえで手間暇を惜しまず実践してください。

　採否の報告をハローワークにしなければいけないことに煩わしさを感じる採用担当者がいますが、採否は企業側が自由に決めるものであり、不採用だからといって何ら心配する必要はありません。

　求人票の情報量が少ないからこそ、自社だからこそアピールできる内容を端的に掲載してください。特に地元の求職者を採用したい場合、ハローワークの活用を検討してください。

　40歳以降の技術者や管理職を採用する場合は、人材銀行の活用も合わせて利用してください。

**ハローワーク活用のメリット**
・掲載費用がかからない。
・興味のある応募者は、自社のHPをチェックする。
・掲載企業が多く全国どこでも求人ができる。

**ハローワーク活用のデメリット**
・求人情報が少ない。
・採用結果報告をおこなわなければならない。

## 5．転職イベントを活用する

　新卒採用だけでなく中途採用向けの転職イベントを活用してください。転職イベントの規模にもよりますが、大きなイベントであれば、千名以上の求職者が集まります。

　求職者にとって多くの企業情報が得られて企業と接点が持てる機会なのですが、企業にとっても多くの求職者と会える絶好の機会です。

　通常中途採用では、会社説明会をおこなわず面接で自社の概要や職務内容を説明しますが、イベントは選考とは違いますので、会社説明を集中しておこなうことができます。

　転職イベントによっては、来場した求職者へ直接スカウトできますし、事前登録している求職者から求める人材に近い求職者と直接会場で会うことができます。

　**転職イベントは、同業他社を含めて多くの企業が参加しますので、そのなかから求職者に選んでもらうためには、ブースのディスプレイなどにも気を配る必要があります。** 最近は映像を使い説明する企業や、複数の採用担当者が個別に説明するなど、それぞれの企業が工夫を凝らしています。

　会社概要や職務内容の説明だけでなく、キャリアパスを含めた将来像をイメージさせる説明をすると求職者は興味を持ちます。

　パネルや映像などを使い視覚でわかりやすく説明し、可能であれば求職者と個別の面談をして見極めてください。求職者も採用担当者の人柄から社風や企業体質をチェックしてい

## 第4章　中途採用の効果的な求人方法

ます。求職者の立場になり親身な対応を心がけてください。

　転職イベントではどうしても大手企業や知名度の高い企業へ求職者が集まりがちですが、求職者全てが、同じ志向や価値観を持っているわけではありません。大手志向ではなく存在価値を発揮したい人材もいますので、集まらないからといってブースに黙って座っているだけでなく、可能であればこちらから声掛けをしてみるのもいいでしょう。

　イベントで良い人材がいれば、採用試験の連絡を速やかにおこなってください。可能であればイベント会場で面接日時の約束をしてもいいでしょう。

　採用業務は、待っているだけではうまくいきません。企業側から求職者に近づく攻めの採用を、転職インベントでもおこなってください。

**転職イベントの活用方法**
・求職者にビジュアルでインパクトを与える。
・具体的な職務内容を説明し興味を持たせる。
・面接などの約束をおこなう。
・スカウト機能などを活用する。

**転職イベントディメリット**
・特定の企業に求職者が集中するケースがある。
・応募ではないため選考に繋がるかわからない。

# 第4章 中途採用の効果的な求人方法

## 6．採用体制・求人方法（まとめ）

自社の魅力を打ち出し、必要な人材を採用する。

**採用力の強化**
・自社の魅力、強みを明確に打ち出す。
・キャリアパスを構築する。
・労働環境の整備をおこなう。

**採用担当者の役割**
・人材が経営に及ぼす影響を認識する。
・営業担当者の視点で対応する。
・自社の魅力・キャリアパスを的確に伝える。
・存在価値を求職者に示す。
・自社で必要な人材を見極め採用する。
・採用後のフォローをおこなう。

**固定観念に捉われない求人方法**

新卒採用
・アルバイトからの応募を促す仕組みを構築する。
・学生との距離を縮めた会社説明会をおこなう。
・人材紹介会社を活用する。
・SNSを有効に活用する。

中途採用
・新卒採用から第二新卒採用への切り替えを検討する。
・中高年の有効活用を実践する。
・再就職希望者を積極的に採用する。

・研修体制を整備し未経験者の採用を強化する。
・ターゲットに適した求人方法をおこなう。
（求人サイト・人材紹介会社・ハローワーク等）

# 第5章

# 良い人材を見極める

## 1. 優秀な人材が自社にとって良い人材とは限らない

　学歴や前職の企業名が立派だからといって、自社で活躍する人材だとは限りません。これまでの経歴が立派であれば一定の評価はできますが、これまでの能力や経験を自社で生かせるかどうかは別物なのです。

　採用担当者のなかには、これまでの応募者にはない優秀な経歴だけで優秀な人材だと判断するケースあがりますが、**優秀な人材でも自社で受け入れるフィールドがなければ、自社にメリットがないばかりか本人のモチベーションも下がってしまいます。**経歴だけで判断せず自社で生かせる人材なのかという視点で見極める必要があります。

　経歴が優秀な人材がなぜ自社に応募しているのか、さらに自社でやるべきことを把握しているのか見極めてください。待遇面に魅かれて応募する人は、良い条件の企業があれば定着せず転職を繰り返す傾向があります。

## 第5章 良い人材を見極める

　前職と比較をする応募者は、行動力に欠けプライドだけが先行します。仕事は能力だけでなく仕事への意欲や向上心を持って取り組むことが大切です。優秀な人材は仕事を早く習得できるかもしれませんが、一定のレベルに達すると満足してしまい仕事に真剣に取組まないケースがあります。

　仕事は地道に長く継続していくものです。仕事を真摯に捉えて真剣に取り組む人材でなければ、自社で成果を出せないばかりか、既存社員とうまくやれません。

　これまでにない優秀な人材が応募してきた場合は、安易に喜ぶのではなく志望動機やキャリアビジョンについて検討してください。

　特にチームワークを重視する業務では、協調性や適応力についてもチェックしてください。協調性がなく自己本意な人材であれば、優秀な経歴でも企業では成果を出せません。

　優秀な人材が応募することは自社にとってプラスになる要因ですが、受入れ体制、職務内容、既存社員とのバランスなどを考慮し、慎重に採否を検討する必要があるのです。

　優秀な経歴の部分だけを捉えず、応募者の人間性、行動特性など総合的に評価してください。

### 経歴が優秀な人材の注意点
・自社の受入れ体制を検証する。
・志望動機、キャリアビジョン、組織適応力を検討する。
・待遇面に固執していないか見極める。
・やるべきことを理解しているか見極める。

## ２．見極めるうえで大切なこと

　自社への入社意欲が高い応募者は、自分自身の良い部分を積極的にアピールします。採否が点数だけで決まるならば面接は必要ありませんが、応募者の入社意欲や熱意も採否の判断の重要なポイントになります。

　応募者を見極めるうえで、採用担当者の言葉や姿勢が大きく影響します。良い人材を見極められても入社につながらなければ絵に描いた餅になってしまいます。

　応募者の心を動かすための５つのプロセスを押さえておいてください。

### 応募者の心を動かす５つのプロセス
・仕事内容、目的を明確に示す。

　　仕事内容や目的を説明したときの応募者の反応を見極めます。興味を示さず淡々と聞いているようでは、第一志望ではないか仕事にそれほど興味がない可能性があります。

・じっくり回答を聞き共感する。

　　応募者の回答を引き出すうえで、じっくり回答を聞く姿勢が大切です。さらに共感をすれば応募者はもっと話したいと思います。無表情で聞いているだけでは、面接官は理解してくれないと感じるのです。

## 第5章　良い人材を見極める

・3年後の姿をイメージさせる

　応募者にとって就職や転職は人生の転機です。3年後の姿をイメージさせたうえでどのような反応をするか見極めてください。興味をしめさなければ第一志望ではないかもしれません。

・**成長していく企業であることを示す**

　現状はどうであれ今後成長していく企業でなければ、応募者は興味を示しません。衰退していく企業にわざわざ入社しようとは思わないのです。

・**必要としていることを示す（存在感）**

　欲しい人材であれば、活躍するフィールドがあり必要としていることを示してください。採用試験中だから示せないようでは他社に入社するかもしれません。形式に捉われず対応することも必要です。

## 3．人間性で大切な４つの視点

　良い人材かどうかを見極めるうえで大切な視点は、職務能力や経験だけでなく人間性があげられます。**採用試験で見極める人間性のポイントは応募者の素直さ、向上心、適応力、ストレス耐性です。**素直だがストレス耐性が弱いというようにバランスに問題がある応募者は、慎重に判断することが大切です。

### 素直さ
　年齢に関わらず素直な性格でなければ、周囲の協力を得られず孤立してしまいます。素直な人材は、相手の意見をきちんと受け止めることができますが、素直さに欠ける人材は、人の意見を聞こうとせず伸びません。素直な人材は、失敗や誤りを認めますが、そうでない人材は責任を転嫁します。

　特に新卒採用では先輩社員や上司の指導により伸びますが、素直さに欠けている人材に対して周囲が指導しなくなり、その結果、成果を出せず辞めていくのです。

　若年層だけでなく中高年においても素直さは重要なポイントです。年齢に関わらず転職すれば誰もが新人なのですが、素直さに欠ける中高年はプライドが邪魔をして新人としての意識で臨むことができず、既存社員と良好な人間関係が築けないのです。

**素直さを見極めるポイント**
・面接で失敗経験について質問する。

## 第5章　良い人材を見極める

高い人材⇒具体的な経験を語り、失敗を認めたうえで今後の糧にしている。

低い人材⇒失敗経験がない、あるいは責任を転嫁する。

**・面接で学業成績や転職回数の多さなどを指摘する。**

良い人材⇒指摘を真摯に捉えて改善していく意志を示す。

悪い人材⇒表情や語調が厳しくなり指摘を認めない。

### 向上心

　現状に満足をして向上心がない人材は、企業で能力を発揮できないばかりか、時代の流れに付いていけず適応できない可能性があります。現状に満足せず問題意識を持ち改善していく人材でなければ、言われたことだけをおこなう人材で成長が期待できません。

　新卒採用では、可もなく不可もなくやる気や意欲を感じない学生がいますが、受身の姿勢では学業成績が良くてもビジネスでは能力を発揮できません。

　中途採用でも、前職の成果や実績に固執し応募企業でやるべきことを考えられない人材がいますが、このような人材も過去の経歴だけで仕事をおこないますので、良い人材とは言えません。

　過去ではなく今後やるべきことが見えているか、そしてやるべきことを実現するためにどのように自分自身を成長させていくのか見極めてみる必要があります。

**向上心を見極めるポイント**

**・志望動機から見極める。**

高い人材⇒自分を高めて貢献していく姿勢がある。
低い人材⇒やるべきことが見えていない。
・**過去の経歴から見極める。**
高い人材⇒履歴や職務経歴で問題改善を実行している。
低い人材⇒おこなってきたことのみ記載している、

### 適応力

　優秀な人材でも組織適応力に欠けていれば、定着せず辞めていきます。周囲と協調でき周囲の応援を得られる人間性が求められています。適応力に欠ける人材は、話をしていても聞く耳を持たず自己中心的な発言をします。過去の経歴を見ても短期間で転職を繰り返す傾向があり、チームで仕事をした経験がなく良好な人間関係を築けない可能性があります。面接でも相槌などを打たず相手を理解しようとしない姿勢は、適応力に欠けている可能性があります。

　適応力は、自社の受入れ体制に問題があるケースもありますが、良好な人間関係を構築したいという意志がない応募者では定着しません。

　企業の思いが非常に強い応募者も注意が必要です。憧れや夢だけで現実を見ようとしない応募者は、入社後思っていたことと現実が異なり適応できません。思いが強い応募者を高く評価する採用担当者がいますが、現実を理解したうえでの思いなのか見極めてください。

　退職理由で会社批判や上司の批判をする応募者は、自社でも同様の問題で辞める可能性があります。一方前職の転職経

験がなく前職の経歴が長い応募者も、環境の変化に順応できない可能性がありますので、前職と異なる社内状況について説明が必要です。

**適応力を見極めるポイント**

**過去の経歴から見極める**

高い人材⇒過去の経歴から環境の変化に対応できる。

低い人材⇒転職を繰り返すなど不安要素がある。

**志望動機から見極める**

高い人材⇒過剰な憧れや期待だけで志望しない。

低い人材⇒現実を見ようとせず理想だけで入社する。

## ストレス耐性

　ストレス耐性も良い人材を見極めるうえで大切なポイントです。仕事では様々なストレスがありますが、うまく乗り越えていける人材でなければ、能力を発揮できず辞めてしまいます。

　上司から叱責されたことで出社できなくなる社員がいます。思うように仕事ができないためストレスを抱え病気になる社員もいます。ストレス耐性を採用試験で見極めるのは難しいのですが、生真面目で自己主張が強い応募者は、将来ストレスを抱えてしまう可能性があります。

　面接でも一見真面目な態度に好感が持てるものの、考え方に余裕がなく思いつめた口調で話す応募者がいますが、このような応募者に軽いジョークを投げかけてみてどのような反応をするか見極めてみる方法があります。こちらの言葉に反

応せず無表情もしくは険しい表情であれば、笑う余裕さえないのかもしれません。同じことを何度も繰り返す応募者も同様に、ストレス耐性で問題がある可能性があります。

　圧迫面接で表情が変化する応募者は、ストレス耐性が弱く動揺してしまうタイプかもしれません。圧迫面接はあまり好ましいものではありませんが、応募者の本質が掴めなければ、厳しい指摘をして回答内容だけでなく表情や語調の変化を見極めてください。

**ストレス耐性を見極めるポイント**
**面接時の説明から見極める**
高い人材⇒話を親身に聞く態度から気持に余裕がある。
低い人材⇒相槌など打たず表情が暗い。
**圧迫面接をおこなう**
高い人材⇒面接官の指摘を肯定したうえで説明できる。
低い人材⇒ムキになり表情、語調、態度が変わる。


**仕事における人間性のポイント**
**（素直さ、向上心、適応力、ストレス耐性）**
・周囲の人間と協調して仕事ができるか。
・前向きにチャレンジしていく積極性があるか。
・忍耐力、ストレス耐性があり心身共に健康か。
・企業の方向性を把握し共感しているか。
・仕事へのポテンシャルが高いか。
・これまでの経験からリーダーシップを発揮できるか。
・責任転嫁せず自分の問題として捉えられるか。

## 第5章 良い人材を見極める

## 4．EQを見極める

　EQ（Emotional Quotient）とは、アメリカの学者によって提唱された「心の知能指数」と言われていますが、EQは人を見極めるうえでも活用できます。EQの高い人は自己理解だけでなく他人を理解することに長けているため周囲から協力を得られます。さらに感情をコントロールすることができ、目標が挫折しても新たな目標にむかってチャレンジできる人材です。

　学業が優れていても企業で良い人材になるとは限りません。優秀な能力でも他の社員と協力できなければ、浮いた存在になり活躍することが難しいのです。

　EQの高い人は、他の社員と協力して目標を達成できる人材です。また目標に達成できなくても新たな目標を設定しチャレンジしていく人材です。EQは前述した素直さ、向上心、適応力、ストレス耐性といった人間性を見極めるポイントが、まさにEQと関連しているのです。

　EQに関連する質問として、失敗事例について語ってもらいます。失敗の経験を責任転嫁したり経験だけしか語れなければEQは高くありませんが、失敗を糧にして生かしていることまで回答できれば、EQが高いと言えるでしょう。

　これまでにチームで達成したことについても質問をしてみてください。チームのなかでの役割やチームが目標を達成するためにおこなったことを明確に回答でき、さらに自己中心的ではなくチームとしての成果を求めてきたという回答であ

れば問題ありません。

　EQの高い人は、苦しい状況でも感情コントロールができます。面接で厳しい指摘をしても冷静に受け止めて回答できれば評価できますが、感情が表情や態度にすぐ表れるようであれば問題があります。役員面接などで面接開始時間が予定より遅れるときの応募者の表情や態度から見極めることもできます。

　仕事は一人でおこなうものではなく、周囲との協力や協調から大きな成果を生み出します。EQのレベルが仕事の成果として表れるのです。

### EQの高い人の特徴
・自己理解だけでなく、他人も理解する。
・感情や行動を調整できる。
・目標達性意欲が強い。
・目標を達成できない場合、新たにチャレンジする。
・良好な人間関係を構築できる。
・周囲と協力して目標を達成できる。
・周囲から得られる支援や援助を活用する。

第5章 良い人材を見極める

## 5. 職務能力（適性）と人間性を見極める

　新卒採用と中途採用では、職務能力の見極めポイントが異なります。新卒採用では実務経験がないので、学業やアルバイト経験が自社でどのように生かせるか見極めます。中途採用では未経験の職種でもこれまでの実務経験を生かして短期間で戦力になれる人材かどうかを見極めてください。

　採用するうえでの見極めるポイントは、大枠で捉えれば職務能力と人間性ですが、職務能力を見極めるために書類や面接だけでなく筆記試験を合わせておこなう企業もあります。

　職務能力はあるが、組織に溶け込めない、あるいは職務能力は劣るが人間性では問題ないというようにどちらか一方だけでは良い人材としての活躍は期待できません。職種にもよりますが適性を含めた職務能力と組織に適応できる人間性が一定の基準を満たしていなければ、企業では戦力にはならないのです。

　自社で存在価値を発揮できる職務能力があればより向上心が増しますし、仕事がうまくいけば自信を持って取り組むことができます。社員がモチベーションを高く持ち仕事をおこなうためには、一定の職務能力や適性が求められます。短期間で戦力になることを求める仕事であれば、予め職務能力や適性がなければ自信を喪失しストレスが溜まり辞めてしまいます。

　**採用試験では、応募者が持っている素直さ、向上心、適応力、ストレス耐性の見極めと共に、求める人材としての職務**

**能力、適性を判断する必要があるのです。**

　新卒採用では、実務経験がないため経験から判断することが難しいのですが、SPI試験や学んできた学業から判断できます。またアルバイト経験との関連性から実務能力を見極めることができます。

　中途採用では、具体的な実務経験をどのように自社で生かせるか見極めてください。素晴らしい経歴でも関連しない職務であれば、実務能力では判断できません。また職務経歴書に記載されている内容の信憑性について、具体的な経験から判断してください。

　職務能力については、自社の教育体制を含めて検討する必要があります。職務能力が多少劣っても人間性に優れている場合、教育体制がしっかりしていれば入社後職務能力を高めることができますが、教育体制が整っていない場合は、人間性だけで採用しても職務能力を伸ばすことができず戦力になりません。自社の教育体制の現状を踏まえて、どのような人材が貢献できるのか検討してください。

### 職務能力の見極めポイント

新卒採用
・学業やアルバイト経験を生かせるか。
・志望動機に説得力がありやるべきことを理解しているか。
・自己啓発をおこなっているか。

中途採用
・職務経験が、自社で求める職務と合致するか。

## 第5章 良い人材を見極める

・記載されている職務経験に信憑性があるか。
・短期間で即戦力となる職務能力があるか。
・現状に満足せず職務能力を高めていく向上心があるか。
・自社だからこそ能力を発揮したい熱意があるか。

## 6. 年代別見極めポイント

求職者の本音を理解しなければ、企業の視点と相違があり採用業務はうまくいきません。良い人材を見極めるうえで求職者の本音を理解し対応する必要があります。

求職者は、通常自分のことを中心に考えています。ですから企業の厳しさだけを打ち出し共に頑張る人を求めても反応しません。さらに転職が当たり前の時代では、帰属意識が弱く良い企業があれば転職を視野に入れている求職者がいる一方、安定志向が強くできれば長く勤務したいという気持もあります。

社員の帰属意識が低く辞めていく人は仕方がないと言う姿勢では、いつまでたっても強固な組織は構築できません。企業と社員が信頼し業績を上げて行く組織は、お互いの信頼関係で成り立っているのです。

求職者の傾向は、年代により異なります。必要とする人材の傾向を理解したうえで、見極めポイントを整理してください。

・**新卒学生の傾向とポイント**
**傾向**
安定を求めているが、遠い将来をイメージしていない。夢や目標が明確でない。
**見極めポイント**
・入社後の活躍する姿をイメージしているか。

## 第5章 良い人材を見極める

・自社の強みや独自性を理解しているか。
・上下関係を理解し、適応力、素直さがあるか。

### ・第二新卒の傾向と見極めポイント

**傾向**

転職に失敗したくない気持が強く、慎重に活動をおこなう。職種を変更したい求職者も多い。

**見極めポイント**

・過去ではなく、現在と今後のビジョンを意識しているか。
・社会人マナーなどを心得ているか。
・ポテンシャルが高く、チャレンジ精神があるか。

### ・25歳から30歳の傾向と見極めポイント

**傾向**

将来像や志向が見えてきており、やりたいことの実現を考えている。適切な評価をされていないと不満を持っている。

**見極めポイント**

・強みとなる職務経験を明確にアピールできているか。
・自社への思いを具体的に語れるか。
・仕事で優先する事項を認識しているか。

### ・30代の傾向と見極めポイント

**傾向**

将来に危機感、不安、欲望があり、このままでいいのかと葛藤する。転職できる最後の時期だと捉えて活動する求職者が

いる。

**見極めポイント**

・自社で貢献できることを把握しているか。

・やるべきことを具体的に理解しているか。

・新天地でゼロからスタートする意欲があるか。

### ・40代以上の傾向と見極めポイント

**傾向**

保守的な考えで、過去の実績を引きずる求職者がいる。昇格のチャンスが途絶えて転職を考える求職者がいる。雇用延長と関係し新たな気持でチャレンジする求職者も少なくない。

**見極めポイント**

・自社で組織に溶け込み貪欲に仕事をする意欲があるか。

・自社で貢献できることを、具体的に語れるか。

・性格が前向きで明るく、意欲があるか。

## 7. コンピテンシーモデルを検証する

コンピテンシーとは、仕事ができる人の行動特性という意味ですが、自社で活躍している人材の行動特性について検証したことがあるでしょうか。

企業や職務により活躍する人物像は異なります。チャレンジ精神が強い社員が活躍する企業もあれば、慎重に状況を把握しじっくり物事を進める人材が活躍しているケースもあります。

自社で在籍期間が3年から5年で活躍している社員の行動特性や仕事の進め方を検証してください。入社時に適性検査をおこない、どのような行動特性の人材が自社で伸びるのか見極めることができます。

いい人だから、やる気があるからといった漠然とした採用基準では、良い人材は採用できません。採用担当者の採用基準が曖昧なことが、定着率が伸びず常に募集をしなければいけない原因の一つなのです。複数の採用担当者がいる場合、採りたい人物像が曖昧ですと採用担当者により採否の基準にバラツキが生じます。

自社のコンピテンシーを把握したうえで、欲しい人物像を具体化してください。**自社で活躍する社員をコンピテンシーモデルとすることで、どのような人材が適しているのか見えてきます。**チームでおこなう仕事が多く、上下関係を理解し良好な人間関係が築ける新入社員が仕事を覚えるのが速く伸びるのであれば、新卒採用であれば、上下関係が厳しい体育

会系出身者やチームでおこなう仕事を経験した応募者を採用すべきです。一方チームワークはそれほど必要とせず個の力を重視するならば、上司の指示により常にチームの一員として行動してきた応募者は、適応できないかもしれません。

　新卒採用の会社説明会にコンピテンシーモデルの社員を同席させてください。自社の社員に好感を持ち、なりたい姿と合致すれば、学生はその社員をモデリングするようになります。一方コンピテンシーモデルの社員に共感しなければ、採用試験を受けませんので自社が欲しい人材を選別することができます。

　企業は利益を上げなければ衰退していきます。そのためには自社に貢献できる人材を採用することが絶対条件ですが、貢献できる人材を見極めるうえでコンピテンシーモデルに近い応募者を採用することでミスマッチングが防げるのです。

### コンピテンシーモデル
・活躍している社員の特徴を整理する。
・コンピテンシーモデルに近い応募者を採用する。
・入社時の適性検査の結果を参考にする。
・コンピテンシーを材料に採用基準を明確にする。

## 8. 適性検査を活用する

　書類や面接では把握できない応募者の一面を把握するために採用試験で適性検査を実施してください。適性検査は、自社で活躍する人材（コンピテンシー）の特徴を掴むうえでも有効です。

　**様々な適性検査があり、それぞれ得られるデータは異なりますが、概ね行動特性、ストレス耐性、適性職種などを把握することができます。**適性検査の結果から採用すべきかどうかといった判定結果を得られる適性検査もあります。

　適性検査では、回答の信憑性についてもチェックできます。応募者が本意ではない回答をしても、適性検査の設問で同様の質問が数問設定されており回答にぶれがあれば、適性検査の結果が良くても回答の信憑性が疑わしいという結果が出ることがあります。

　適性検査の結果で気になる点について、面接で確認をしてください。ストレス耐性に問題があるのであれば、「ストレスを溜めやすいほうですか？」「ストレスを解消するためにおこなっていることは何ですか？」など、関連する質問をおこないます。

　適性検査は、あくまでも採否を判断するツールの一つです。書類や面接ではわからない応募者の本質を把握するうえで有効ですが、最終的な採否の判断は、採用担当者が総合的な見地から判断すべきです。

### 適性検査でわかること（参考Compass適性検査）

行動特性

（活動性　達成志向　チャレンジ志向　持続力　コミュニケーション　協調性　責任感）

注意点

（抑うつ・不安　依存・回避的　感情的・衝動的　自己中心的）

対人関係スタイル

ストレス耐性

職務適性

適性職種

定着性

総合判定

## 第5章　良い人材を見極める

## 9．応募者の気持の変化を見極める

応募者の多くが、応募時から企業への思いが強いわけではなく同業他社を含めて他社へも応募しており、必ずしも第一志望で応募してくるわけではありません。仮に思いや熱意があっても具体的な職務や会社の実情を理解したうえでの熱意ではなく、応募者の思い込みが強いだけかもしれません。

恋愛をイメージしてください。始めて出会ったときはそれほど相手の気持が強くなくても、何度か出会ううちに魅かれていきます。一目ぼれで恋愛に陥るケースがありますが、相手の本質を理解せず、イメージや想像が先行し相手に恋をしているのかもしれません。

採用も同様に応募の初期段階では求人情報や自社のホームページから興味を持ち、応募しているだけに過ぎないのです。実情を理解せず、思いだけで入社しても現実とのギャップを感じ定着しません。

大切なことは、**説明会、採用試験を通じて応募者の気持がどのように変化していくのか見極めてください。**応募時はそれほどインパクトを与えない応募者でも、自社を理解するにつれて表情や回答内容に変化が見られれば、自社で良い人材として活躍する可能性が高いと言えます。

採用担当者は、応募者を選考するだけでなく、会社説明や選考過程で応募者の気持を自社に向けさせる役割があるのです。

気持の変化が表れる応募者は、見せかけの言葉ではなく回

答内容に思いがあり信憑性のある言葉を語ります。選考過程を通じて会社の理解を深め、応募企業だからこそ働きたいと本気で思う応募者であれば、良い人材として伸びるのです。

　人は恋をすると綺麗になります。求職者は、企業への思いが強くなると働く姿をイメージしワクワクしてきます。

　企業で良い人材は、状況を的確に理解し自分の役割に対してベストを尽くします。能力があっても気持が冷めている応募者では、良い人材にはなりません。

　応募者と何度か会うとより魅力的に映ることがありますが、応募者の真剣さと企業への思いが変化してきているのです。

### 気持の変化を見極めるポイント
・応募時は、憧れだけで応募していることが多い。
・会社説明会、選考過程を通じて応募者の気持を見極める。
・自社を理解したうえでの思いは、信憑性が高い。
・やるべきことを理解し意欲を持って臨む姿勢がある。

## 第5章 良い人材を見極める

## 10. 採用していい人・いけない人

　採用していい人といけない人について考えてみましょう。採用していい人は、自社でやるべきことを理解し能力や適性があることが条件になります。入社後すぐに戦力にならなくてもこつこつと積み上げて行く要因があれば、採用すべきかもしれません。チームや組織でおこなう仕事に適応できれば採用していい人でしょう。これからの時代は、言われたことだけおこなうのではなく問題を自ら改善していく能力が求められます。また失敗やミスを責任転嫁せず仕事をおこなう人も採用していい人です。

　一方、採用してはいけない人で第一にあげたいのは、嘘をつく人です。履歴や職務経歴の嘘だけでなく仕事の捉え方や志望動機なども、採用されたいために嘘を何食わぬ顔でつける人は採用すべきではありません。このような人は、嘘を嘘と思わず語っていることがあり、採用すれば大きなトラブルを引き起こす可能性があります。

　過去の実績だけを自慢し、その実績を自社でどう生かすのか語れない人も採用してはいけない人でしょう。過去の実績だけで生きている人は、嘘をつく人と同様に現実を直視できずうまくいかなければ仕事を投げ出す人です。職務能力については、能力が多少劣っていても自己啓発しておりやる気を感じるならば採用していい人ですが、実力が伴わないことを何とも思わず、企業に入社したら覚えるという受身の姿勢であれば採用してはいけない人です。採用していい人といけな

い人の違いは、職務能力だけでなく本人の資質や特性に関連する部分も多いのです。

**採用していい人**
・自社でやるべきことを理解し能力がある。
・入社したい理由が具体的であり納得できる。
・組織に適応できチームワークを発揮できる。
・前向きに捉えて改善能力がある。
・向上心がありチャレンジしていく姿勢を感じる。
・責任転嫁せず仕事をおこなう。
・自社について的確に理解している。

**採用してはいけない人**
・嘘が多い。
・前職（現職）の不平不満が多い。
・自社の仕事を的確に捉えていない。
・職務能力の適性や実力が入社後も期待できない。
・人間関係でトラブルを起こす要因がある。
・過去の実績に捉われている。
・待遇面、労働条件だけで選択している。
・入社時期が曖昧で意欲を感じない。

# 第6章

# 書類のチェックポイント

## 1．エントリーシートのチェックポイント（新卒採用）

　新卒採用のエントリーシートでは、自社への志望動機が書かれており仕事を理解したうえでの自己PRか、さらに記載内容に具体的な経験が盛り込まれているかという点を見極めてください。

　エントリーシートの攻略本や学校の指導により立派な文章を書く学生が多いのですが、**文章力以上に自社への思いを見極めることが大切です。多くの企業のなかの１社なのか、自社が特別な企業なのかは、記載されている文章から読み取れます。**多くの企業のなかの１社の場合、自社ではなくても通用する漠然とした内容で、読んでいてもインパクトを与えません。自社に向けての志望動機や自己PRであれば、応募者の気持が伝わってきます。文章の上手い、下手ではなく自社への思いと理解度、さらに自社でやりたいこと、できることが記載されているかを確認してください。

## 第6章　書類のチェックポイント

　手書きのエントリーシートであれば、字が上手い下手ではなく丁寧に書いているかどうかを読み取ってください。自社への思いが強くない応募者は、字が雑で文字数も少なく大きな文字でスペースを埋めようとしています。

　求人サイトからエントリーする場合、自社の求人情報やホームページをきちんと読み理解したうえで書かれているか見極めてください。

　限られた就職活動時期に、多くの企業へエントリーするのは問題ありませんが、企業との最初の接点であるエントリーシートを疎かにするようでは、自己中心的で雑な仕事しかできない学生かもしれません。

　大学名でフィルターをかける企業もありますが、新卒時の就職活動は人生で一度だけです。学歴が立派ではなくても、応募企業への入社意欲が高い学生であれば面接の機会を与えて欲しいと思います。

　優秀な学校でも要領が良く他人の気持を汲み取れない学生よりは、学歴は優秀でなくても仕事への意欲が強く、求めている人材に近づこうとひたむきに努力している学生は評価すべきです。

### エントリーシートのチェックポイント
・自社への思いが伝わる文章か見極める。
・具体的な経験が盛り込まれているか見極める。
・記載内容を材料にして面接をおこなう。
・手書きであれば丁寧に書かれているかチェックする。

# 第6章 書類のチェックポイント

## 2．履歴書のチェックポイント

　良い人材を採用するためには、書類をチェックすることが大切です。面接で書類に記載されている内容について質問しますが、書類を読み取れないと応募者の本質を見抜くことができません。

　**履歴書から自社で求めている人材と合致するかという点だけでなく、記載されている内容の信憑性についても確認してください。**応募者のなかには、短期間で辞めたことが影響すると考え、在籍期間を偽っていることもあります。書類を読み取り、不信な点があれば面接で確認をしてください。

　新卒、中途採用を問わず提出する履歴書について考えてみましょう。

　手書きで書かれた履歴書であれば、応募者が丁寧に書いているかチェックしてください。PCで作成した場合も同様ですが、都道府県を割愛している、株式会社を（株）と略字で記載していれば、丁寧に書いているとは言えません。仕事においても雑な仕事をする可能性がありますし、第一志望ではない可能性があります。

　履歴書の写真も重要です。きちんと写真館で撮影したものであれば意欲を感じますが、スナップ写真を切り取ったものであれば、求職活動を真剣に取り組んでいない可能性があります。眼力から仕事への意欲が読み取れます。写真だけで判断はできませんので先入観を持つべきではありませんが、仕事の姿勢や意欲は写真からチェックしてみてください。

誤字、脱字の他、入学、卒業、入社、退社の年月についても誤りがないか確認をしてください。誤りと思われる年月があれば面接時に確認をして、応募者がどのような対応をするか見極めてください。問題改善能力がある応募者であれば、謝罪したうえで新たに提出したいと申し出るなど、対処方法から仕事の姿勢を見極めることができます。

　履歴書の志望動機欄もチェック項目です。どの企業にも対応できるような漠然とした内容であれば、第一志望ではないかもしれません。企業や仕事への思いがなく、受身で仕事をする可能性もあります。

　中途採用で希望条件欄に待遇面が記載されている場合、待遇面に固執し、待遇が良ければどの企業でも構わない応募者かもしれません。面接時に希望年収を伝えるのは問題ありませんが、面接前に提出する履歴書で希望年収を書く応募者は、実務能力に自信がなく初任給で確実に高額な給与が欲しい応募者の可能性があります。

　履歴書の片隅に消しゴムで消した鉛筆の跡がある場合、不採用になり返送された履歴書を使い回ししている可能性があります。

　ブランク期間が長い場合は、面接でブランク期間におこなっていたことを確認してください。短期間で辞めた企業を記載していない可能性があります。

　自社で必要ない資格が多く記載されている場合は、別の仕事に携わりたいため資格を取得した可能性があります。特に近年取得した資格が応募職種と関連しなければ、面接で確認

## 第6章 書類のチェックポイント

をしてください。

履歴書では通勤時間もチェックしてください。企業により異なりますが、一般的に90分以上の通勤時間であれば転居について確認する必要があります。

### 履歴書のチェックポイント

・手書きの場合、丁寧に書かれている。
・日付に誤りがない。
・写真から仕事に対しての意欲を感じる。
・都道府県を割愛せず、略字を使わない。
・連絡先がきちんと記載されている。
・ブランク期間におこなっていたことが把握できる。
・自社に向けた志望動機が書かれている。
・必要な資格が記載されている。
・誤字、脱字がない。
・入学年などに誤りがない。
・待遇面に固執していない。

## 3．職務経歴書のチェックポイント（中途採用）

　中途採用では、職務経歴書からこれまで携わってきた仕事について確認をしますが、経歴を羅列しているだけの職務経歴書では、自社が求める職務能力を把握したうえで応募しているのか疑問があります。

　**入社意欲が高い応募者は、応募企業が求めている人材を想定したうえで、これまでの経験から合致する部分を強調して記載します。**さらに志望動機や自己PRでは、具体的に発揮できる能力が記載されています。特に求人サイトのWEB履歴書では、多くの企業へ一括して応募することが可能ですので、自社に向けたものなのか見極めてください。

　改行がなく長文で記載している応募者は、熱意はあるものの読み手の立場を考えず自己中心的な応募者である可能性があります。読み手の立場になって記載するならば、見出しを設けてわかりやすく記載します。同様に枚数が多い職務経歴書も伝えたい内容が絞り切れておらず、書けばいいと考えているかもしれません。

　これまで経験した職務経歴から、自社が求めている人材として戦力になるか見極めてください。立派な企業でも関連する職務でなければ、自社で活躍できる人材ではありません。

　職務経歴書を読み取るポイントは、これまでの経歴から応募企業で発揮できる能力をわかりやすく記載しているかという点です。やってきたことを羅列しているだけの職務経歴書

## 第6章 書類のチェックポイント

は、職務経歴の棚卸であり、採用担当者が詳細な経歴を読み取り判断しなければならないようでは、自分でアピールポイントを見つけられない依存型の応募者です。良い人材の職務経歴書では、携わった職務の他に実績や工夫改善したことなど具体的な内容を記載しています。

未経験の職種を希望する応募者については、必要な知識やスキルについて現在自己啓発していることが記載されていれば、就きたい職種についての意欲があります。

職務経歴では、退職理由についてもチェックしてください。一貫性がなく嫌なら辞めるという状況であれば、自社に入社しても定着しません。目的意識を持ち納得できる退職理由であれば、転職回数が多いからといって不採用にせず会ってみてもいいでしょう。

中途採用では、学歴以上に携わってきた職務が採否のポイントになります。優秀な学歴でも求める職務と異なれば、良い人材として生かすことができません。

履歴書と違い通常職務経歴書は決められたフォームがないからこそ、応募者の仕事への姿勢や人間性が表れます。

**職務経歴書見極めポイント**
・自社が求めている職務を強調して記載している。
・長文ではなく見出しなどを付けて記載している。
・実績、評価などを盛り込んでいる。
・退職理由が納得できる。
・自己PRでは発揮できる能力が記載されている。
・読み手の立場を考えた枚数である。(2枚～3枚程度)
・志望動機は自社に向けて記載している。
・長期のブランク期間について説明している。
・未経験の職種では自己啓発について記載している。

## 第6章 書類のチェックポイント

## 4. 作文と書類送付から人間性を見極める

　履歴書や書類とは異なりますが、選考試験で作文を書かせたときの応募者の動向についてチェックしてみてください。記載内容も大切ですが、消しゴムのかすの取り扱い方から応募者の本質が見えてきます。**消しゴムのかすをそのまま机に放置して立ち去る応募者であれば、自己本意で相手の状況など考えられない可能性があります。**仕事は相手の気持を汲み取り対応することが大切です。良い人材であれば、ゴミ箱の場所を訪ねて自ら捨てる、もしくはどうしたらいいか尋ねる気配りがあります。

　原稿用紙の配布で前の応募者が後ろの応募者に配る場合、配り方にも着目してください。丁寧に後ろの応募者に回すようであれば思いやりがあり気配りができますが、雑に渡す応募者は、自分さえよければいいという考えの持ち主かもしれません。

　書類を送付させる場合、書類の送り方で応募者の人間性が見極められます。普通郵便で履歴書や職務経歴書を折って送付する場合、折り目が付いた書類を採用担当者が伸ばさなければいけません。気配りができる応募者であれば、定型外の封筒でクリアファイルなどに入れて折り目が付かないように送付します。書類の折り目を付けず綺麗な状態で送付する応募者は入社意欲が高いだけでなく、仕事を丁寧にきちんとおこなう応募者なのです。

　履歴書、職務経歴書は採否に影響する重要な書類だと理解

していれば、丁寧に作成するだけでなくきちんと送付するところまで気を配ります。応募者の人間性や仕事のやり方が書類送付から垣間見ることができるのです。

### 作文・送付方法から人間性を見極める
・消しゴムのかすを放置しない応募者は見込みがある。
・原稿用紙のまわし方が丁寧な応募者は見込みがある。
・折り目を付けず丁寧に書類を送付する応募者は見込みがある。

# 第7章

# 面接のチェックポイント

## 1．面接で見極める３つのポイント

　漠然と面接をしていては、応募者の本質を見極められません。漠然と面接をすれば好き、嫌いという観点で採否を決めてしまいますが、好き、嫌いでは面接官の偏った判断基準になり良い人材は採用できないのです。

　**面接では、人物評価、能力評価、アピール評価について見極めてください。**人物評価は、前述したように素直さ、向上心、適応力、ストレス耐性についてチェックします。素直さは面接官の説明や指摘を的確に把握し対応できるかどうかを確認します。面接官の説明に対し相槌を打ちながら興味を示す表情や職務能力やこれまでの経験に対して厳しい指摘をしたとき、謙虚な姿勢で指摘を受け止め対応しようとすれば、素直さを兼ね備えています。素直さは態度が横柄ではない、自信過剰な言葉ではないという点からも見極められます。

　向上心は、不足している知識やスキルに対して自ら自己啓発してでも能力を高めようとする姿勢から確認できます。適

## 第7章　面接のチェックポイント

応力について、学生は部活やアルバイト経験から判断し、中途採用では転職回数や退職理由を確認します。ストレス耐性については、これまで人間関係で転職を繰り返している場合、理由にもよりますが問題があるかもしれません。

能力評価について、新卒採用であれば学校で学んだ知識や技術であり、中途採用ではこれまでの経験が求める人材と合致すれば、職務能力が高いと評価できます。人は良くても職務能力で問題があれば、入社後ミスマッチングが生じます。特に中途採用では具体的な実績や評価などから信憑性を確認してください。

アピール評価は、自社への入社意欲、面接時のコミュニケーション能力、適性や能力を伝えるプレゼン力について確認をします。自信がなく積極的にアピールできない場合、職務能力で問題があり短期間で戦力になれない可能性がありますが、アピールではなく過去の自慢話に終始するようでは、やるべきことを理解していない可能性があり能書きだけ語る応募者かもしれません。

3つの視点のなかで何を優先するかは求める人材により異なりますが、特定の分野だけ優れていても社員として組織に適応できない可能性があります。3つの視点について平均以上の人材が求められます。

## 面接の3つの極めポイント

[人物評価]

素直さ

⇒面接時の表情、態度から見極める。過去の失敗について責任を把握し謙虚に受け止めていれば評価できる。自己PRでは自信過剰ではなく謙虚な態度でやるべきことを全うしようとする姿勢を感じる。

**向上心**

⇒不足しているスキルや技術を自己啓発してでも習得していく姿勢がある。これまでの経験から問題解決能力や行動力がある。

**適応力**

⇒学生であれば部活での人間関係、中途採用ではチームでの仕事の有無、退職理由、他者評価から見極めることができる。

**ストレス耐性**

⇒嫌だから辞めるという転職を繰り返していると自社でも同様の問題が起きる。面接官の指摘に対しムキになる場合、ストレス耐性に疑問がある。

|能力評価|

新卒採用⇒学校で学んだ知識や技術で関連性がある。アルバイト経験が生かせる。自社の職務と関連する自己啓発をしている。

中途採用⇒これまでの職務経験が生かせる。職務経験に信憑性がある。不足しているスキルや知識を自己啓発している。

|アピール評価|

自社だからこそ入社したい具体的な説明ができる。自己PRなどの説明が理解しやすくプレゼン力がある。求めている職務、人材に向けたアピールができる。

## 第7章 面接のチェックポイント

### 2．面接官と応募者の関係

応募者は、面接官の言葉、態度から企業をイメージします。採ってやるという上から目線のスタンスでは、良い人材は採用できません。短い面接時間でも良好な関係を築き、応募者がこの面接官ならば何でも話せるという気持にさせることが大切です。

**面接官は、採否を判断するだけでなく、自社で必要とする人材が入社したいと思うような面接をおこなう役割があるのです。**

好感を持たれる面接官は、応募者の回答を親身に聞き、さらに質問を繰り返し言葉のキャッチボールをおこないます。応募者の回答を黙って聞き流すようでは、応募者は興味を持たれていないと感じもっと話をしようとは思いません。

面接官は、応募者が予め用意してきた回答だけで判断すべきではありません。応募者の本質の言葉を引き出して採否を判断する必要があります。用意してきた回答だけ聞くのであれば、何も面接などおこなわず書面で判断できます。

応募者は、選考過程で自分に合う企業かどうか見極めています。優秀な人材であれば多くの企業が欲しがる可能性がありますが、採用段階で感じたことが入社を決断する大きな要因になるのです。

新卒面接では、1次選考を集団面接でおこなう企業がありますが、同様の質問を投げかけて判断できるのか疑問です。実務経験がない新卒面接であればある程度質問内容が限定さ

れるのは仕方がありませんが、集団面接では特定の応募者に対して時間を割いて質問をすることが難しいのではないでしょうか。

　既存社員が１次面接をおこなっても構いませんので、新卒採用においてもできれば個別に面接をおこない、用意してきた回答意外の言葉を引き出してください。応募者に手間暇を注ぐことで、応募者の気持が動くのです。

　信憑性のある回答かどうかを見極めるためには、さらに掘り下げて質問を繰り返してください。応募者自身の言葉を引き出すことで本質を見抜くことができます。

　面接官が偉いといった気持で面接に臨んではいないと思いますが、面接官と応募者は同等の関係です。企業が応募者を選ぶように、応募者も企業を選んでいるのです。

　面接官が応募者に好感を持って接することで、応募者も面接官に好感を持ちます。第一印象が悪い、経験がないと最初から決めつけず、まずは応募者の良い部分を見つけようという加点方式の面接をおこなってください。

## 第7章 面接のチェックポイント

### 応募者が面接官を信頼するポイント
・回答を親身に聞き共感する。
・落ち着きがあり、温かみを感じる。
・企業の組織、経営状況などを把握している。
・採否の権限がある。
・仕事内容について熟知している。
・面接官の言葉から愛社精神を感じる。

## 3．好感が持たれる面接官

　どのような面接官が好感を持たれるか、考えてみましょう。面接で応募者が話しやすい環境を作ることで、応募者が本音で話しをするようになります。初対面は誰でも少なからず緊張しますから面接官が一言「弊社はすぐにわかりましたか？」「足元が悪い中今日はありがとうございます。」など、声を掛けることでリラックスした雰囲気になります。**面接官が強張った表情でいきなり質問をおこなえば、応募者は緊張したまま回答を述べなければなりません。**

　応募者の回答の聞き方も、相槌を打ちながら興味を持って聞いてください。面接だけではありませんが、相手が真剣に話を聞いていると感じるともっと話をしたいと思います。応募者のイメージに先入観を持たず、回答内容に興味を持ちさらに質問をおこなう状況から、信頼関係が生まれます。短い面接時間では信頼関係など難しいと考える面接官がいますが、このような面接官は人に興味を持たず、面接でも定番質問を繰り返し、応募者が回答しているときは下を向きながらメモを取っているようなタイプです。

　内定辞退が多い面接官は、形式だけの面接をおこない、応募者の回答を親身に聞こうとしません。以前採用担当者向け面接セミナーをおこなったとき、面接なんてどうせいいことしか言わないと投げやりな方がいましたが、面接官がそう思っているようでは良い人材は採用できません。

　面接官の表情にも気を使ってください。口角を少し上げて

## 第7章　面接のチェックポイント

相手を受け入れるような表情で、少し目を開いて応対すれば好印象を与えます。語調もソフトな口調で、原則として回答を真剣に聞き、回答を遮るようなことはしないでください。

　応募者は面接官の言葉だけでなく、表情や態度からどう思われているか想像します。採否の判断は、面接終了後にじっくり考えればいいことです。面接時は、応募者に集中し良い面を引き出そうという気持で臨んでください。

**好感が持たれる面接官**
・話しやすい環境を作って本質を見極める。
・面接を受けてくれたことに感謝の気持ちを持つ。
・応募者の回答に相槌を打って興味を示す。
・口角は意識的に上げ、応募者を受け入れる視線を作る。
・語調はソフトで、回答を中断しない。

**内定辞退が多い面接官**
・応募者の回答を聞き流す。
・態度が横柄で表情が暗い。
・定番質問のみおこなう。
・応募者に興味を示さない。
・自社に批判的な一面がある。

## 4．問題点・改善点も説明する

　採用したい一心で会社の良い部分だけを強調する面接官がいますが、企業の問題点や改善点を説明せず入社すると、新入社員は話が違うと考え、状況によってはすぐに退職してしまいます。定着率が悪い企業は、会社説明会や面接時の説明内容と現状に食い違いがないか検証してみてください。

　新入社員は、慣れない環境でストレスが溜まります。このような状況で労働条件や職務内容が思っていたものと違えば、選考段階で説明しない採用担当者が悪いと考え、辞める理由を正当化して退職するのです。採用段階では、応募者は通常採用担当者としか面識がありません。採用担当者を信じて入社を決断する応募者も多いなかで、問題点について聞いていない状況は裏切られたと受け取るのです。

　問題点や改善点について、できる限り選考段階で説明すべきです。長時間の残業が予想されることを伏せて採用しても、入社すればすぐにわかることです。**問題点を把握し改善に向けて取り組んでいると採用段階で説明すれば、応募者の受け取り方は変わります。**厳しい労働条件を放置し社員を使い捨てのように考えている企業には、誰も入社したいとは思いません。一方問題を掌握し社員が一丸となって改善する方向で進んでいるという説明であれば、事実をきちんと話をしてくれる採用担当者だと感じます。さらに現状の問題点をいっしょに解決して良い企業にしていこうという言葉は、応募者にとって仲間意識が持てて悪い気はしません。

## 第7章　面接のチェックポイント

　応募者の多くが、就職や転職で企業に期待する優先事項を持っています。優先事項を満たせない企業であれば、どんなに説明しても応募者の気持は動かないかもしれません。例えば残業が少ない企業に入社したい求職者に対して残業が多いと説明すれば入社しない可能性が高いのですが、残業時間の優先順位が高くなければ、採用段階できちんと説明することで、話を聞いていると捉えて気持は揺らがないのです。

　企業にはできること、できないことがあります。特にできないことについては、少なくても内定前にきちんと説明し、理解をしたうえで入社してもらうようにしてください。

　新入社員は、聞いていないあるいは偽りの説明から、採用担当者だけでなく企業そのものに不信感を覚えるのです。問題点についても説明の仕方次第で、採用担当者の受け取り方が変わります。

### 問題点の説明
・自社の問題点を採用段階で説明する。
・問題点は現在改善中であることを伝える。
・聞いていないという状況が退職に繋がる。
・定着率が悪いときは採用時の説明について検証する。

## 5．面接官の陥りやすい傾向

　人が採否の判断をするうえで、陥りやすい傾向について理解をしておく必要があります。例えばハロー効果では、一点だけ優れていると他の全てが優れていると錯覚してしまい、採否の判断が甘くなります。学歴が優秀だから職務能力も優れている、あるいは前職が有名企業だから問題ないというような判断ではなく、総合的な観点から見極める必要があります。

　対比誤差は、連続して面接をおこなうと前後の応募者と対比してしまい、全体像で判断できなくなる現象です。前の応募者が優秀だと気が付かないうちに次の応募者について良い部分を見ようとしません。

　寛大化傾向は、細かいことは気にしないという姿勢で寛大に捉えすぎてしまい、配属後ミスマッチが起こります。特に中途採用では職務能力の見極めが重要になりますので、バランスの取れた面接が望まれます。

　中心化傾向は、平均点で採否の判断をしてしまう傾向です。可もなく不可もなくという人材が活用できる仕事もありますが、一部分は劣っていても優れた部分がそれを打ち返すだけのものがあれば採用すべき仕事も多いのです。平均点だけの人材では、問題解決や改善ができないかもしれません。

　1次面接の担当者に中心化傾向が見られます。大きな問題がなければ2次面接に任せようという気持では人は見極められません。1次面接であっても応募者と真摯に向き合い採否

## 第7章　面接のチェックポイント

の判断をすることが大切です。

　面接官の陥りやすい傾向を意識しているだけでも、対応が変わってきます。例えば対比誤差を無くすために前後の面接でインターバルを設けるだけでも、前の応募者の状況を引きずらず面接ができます。

**面接官の陥りやすい傾向**
**ハロー効果**
一点だけ優れていると全てが良く見えてしまう状況。
**対比誤差**
前後の応募者と対比して考えてしまい、全体像のなかで判断できない。
**寛大化傾向**
寛大に捉えすぎてしまい応募者の優劣がつけられなくなる。
**中心化傾向**
平均点で採否を判断してしまう傾向。

## 6．応募者の嘘を見抜く

　面接では応募者の回答に共感を持ち、話しがしやすいようにすることが大切な半面、応募者の回答を鵜呑みにしてはいけません。**応募者は採用されたいために、自分を良く見せようとしますので回答についての信憑性を見極める必要があります。**

　転職回数が多い、あるいはブランク期間が長いから採用されないと考え、履歴書や職務経歴書に短期間で辞めた企業を記載しない応募者がいます。ブランク期間が3ヶ月以上ある応募者に対して、ブランク期間に何をやっていたか確認してください。採用後記載されていない企業の勤務経験が判明しても、短期間で辞めたため記載せず面接で質問されなかったからあえて告げなかったと言い訳をするケースがあります。

　応募者の職務能力についても記載されている経験について、実績や評価など具体的な経験から職務能力の信憑性を見極めてください。求めている人材と合致させたいため、職務経験がそれほどなくても職務経歴書で強調して記載していることがあります。職務能力に疑いがある場合は、後日実務面の筆記試験をおこなう場合があることを告げてみてください。職務能力を満たしていない応募者は、表情を変えてその後の面接を辞退します。実務面についてできるか質問したとき、「できます。」という一言の回答であれば、具体的にどのようにできるか質問をしてください。

　希望年収を確認する場合、前職もしくは現職の年収につい

## 第7章　面接のチェックポイント

ても聞いてください。休職中でありながら書類には何も書かず応募している場合、現在休職中なので年収が下がっていると説明する応募者もいれば、休職中であることを伏せて休職前の年収を語る応募者がいます。休職中の場合は、理由を確認し業務に支障を与えないか見極める必要があります。在職中もしくは入社年と同じ年に辞めた応募者に対して、通常内定後に源泉徴収票を提出してもらいますが、その際面接時に語った年収と合致しているか確認をしてください。

　在職中の応募者に対して、入社時期の回答が曖昧であれば入社意欲を疑ってみるべきです。いつから入社できるか明確に回答できない応募者は、そもそも転職の意欲があまりなく内定を出しても辞められないという理由で内定を辞退する可能性があります。

### 応募者の嘘を見抜く

・**長期のブランク期間について確認する。**

⇒短期間で辞めた企業を書類に記載していない可能性がある。

・**実務試験を行う可能性を示唆する。**

⇒実務能力に自信がない応募者は辞退する。

・**現職もしくは前職の年収を確認する。**

⇒休職中であれば年収が下がるため休職中であることが判明する。

・**入社可能時期について確認する。**

⇒曖昧な回答であれば入社意欲を疑う。

## 第7章 面接のチェックポイント

## 7．表情・語調・態度から見極める

　面接では回答内容だけでなく表情、語調、態度といった見えない言葉から、応募者の本質を読み取ることが大切です。例えば視線を合わせない応募者は、回答に自信がないか偽りの回答をしている可能性があります。面接では眼力が仕事への意欲や自信を示します。

　第一印象だけで先入観を持ち面接をおこなうべきではありませんが、挨拶に元気がなければ第一志望ではない、もしくは自信を持って臨んでいないのかもしれません。

　面接の始めに天気の話題などを投げかけてみてください。「今日はあいにく雨ですね。」と投げかけて、無表情で「はい。」としか答えられない応募者であれば、コミュニケーション能力が不足しているかもしれません。「あいにくの雨ですが、最近天気が続いたので恵みの雨ですね。」など、言葉の投げかけに応えられる応募者は、入社後も組織に適応でき良好な人間関係を構築できます。

　回答時に視線をそらす、あるいは髪などを触る応募者は、偽りの回答をしている可能性がありますので、さらに掘り下げて質問をしてください。

　面接で職務内容や条件面を提示したときの表情もチェックしてください。納得している表情なのか、無表情で実は納得していないのかを見極めます。給与などの労働条件を提示し「わかりました。」という回答でも、表情が暗ければ納得していない可能性が高いのです。

面接官の説明に対し相槌を打たず興味を示さない態度であれば、第一志望ではないか応募者の本質に問題があり組織に適応できない可能性があります。

　面接を応募者がどう受け止めたかは、退室時の挨拶と立ち去り方で見極めます。入社意欲が高い応募者は、「本日はありがとうございました。ぜひ御社で頑張ります。よろしくお願いいたします。」と入社意欲を言葉で語りますが、面接に満足していない応募者は、「失礼します。」と一言言って足早に立ち去ります。足早に立ち去る応募者に対して、内定を出しても辞退される可能性があります。どうしても採用したい応募者であれば、再度話をする必要があるかもしれません。

　**言葉は予め用意してきた模範回答や意志と異なる内容を伝えることができますが、表情や態度は嘘をつけません。**一瞬目をそらす、表情が暗くなるという応募者の変化に注意し、気になる点については詳しく確認してください。

　注意したい点は、応募者の表情が暗い場合、面接官の態度や表情が暗い可能性があります。自分の気持が相手の表情に表れるのです。面接官は、優しい眼差しで相手の回答に興味を持って聞く姿勢が大切です。

### 表情から読み取れるポイント
・挨拶に覇気がない。
⇒自信がない。第一志望ではない。
・天気等の話題を投げかけて無表情で一言答える。
⇒コミュニケーション能力が不足している。

## 第7章　面接のチェックポイント

・回答時に大きく視線をそらす。
⇒偽りの回答をしている可能性がある。
・眼力がない。
⇒仕事に自信がない。意欲がない。
・笑顔がない。
⇒緊張している。面接に満足していない。
・口角が下がり眼差しが冷たい。
⇒緊張している。性格が暗い。自信がない。

**態度から読み取れるポイント**

・髪や顔を触る。
⇒回答の信憑性を疑ってみる。
・複数の面接官に気配りができない。
⇒自己中心的で気持を汲み取れない。
・相槌を打って話を聞けない。
⇒共感していない。適応力がない。
・退室時に元気がない。
⇒入社意欲がない。自信を喪失している。
・ふてぶてしい態度で振る舞う。
⇒第一志望ではない。威厳を示している。

**語尾と口調から読み取れるポイント**

・語尾を明確に話す人は、意志が強い。回答に自信がある。
・語尾が明確でない人は、回答に自信がない。
・早口で話す人は、偽りを述べている可能性がある。
・落ち着いて話す人は、回答に自信を持っている。

## 8．定番質問の回答から見極める

　面接の質問では、新卒採用では、志望動機、学生時代に打ち込んだこと、自己PR、中途採用では、職務経験、退職理由、志望動機、自己PRといった定番質問があります。**応募者の多くが定番質問について予め回答を用意してきますが、その回答の信憑性を見極める必要があります。**

　予め用意してきた回答でも応募者本人の考えや事実に基づいたものであれば問題ありませんが、事実と異なるようでは入社後ミスマッチングが生じます。

　志望動機では、自社の業績や知名度だけで応募していないか見極め、学生であれば学業で学んだことを生かしたいといった適性と自社を選択した理由をチェックします。中途採用であればこれまでの経験を通じて発揮したい能力をアピールしたうえで、応募企業だからこそ入社したい理由が求められます。発揮できる能力と応募企業への入社したい理由のどちらか一方の回答では、良い人材として活躍できるか疑問があります。

　自己PRでは、意欲的に取り組める、チャレンジ精神があるといった漠然とした回答をする応募者がいますが、アピールを裏付ける具体的な経験が盛り込まれており、そのことが入社後どのように生かせるかまで説明できなければ信憑性のある回答とは言えません。

　新卒採用の学生時代に打ち込んだことについても、仕事との関連性を見極めてください。

## 第7章　面接のチェックポイント

　中途採用でこれまでの職務経験を述べてもらう場合、自社で発揮できる職務を理解したうえで、生かせる経験を強調して説明しているかどうかを判断します。

　定番質問は、応募者の本質を見極めるうえで重要な質問です。回答を聞き流さず疑問に感じた点や深く知りたい内容があれば、さらに突っ込んだ質問をしてください。

### 定番質問から読み取れること
**新卒採用**
**１．学生時代の経験**
・懸命に打ち込んだ姿勢を感じるか。
・仕事で生かせる経験をしているか。
・人間関係で問題がないか。
**２．志望動機**
・やりたいこと、できることを把握しているか。
・自社だからこそ入社したい理由か。
・第一志望という回答に信憑性があるか。
**３．自己PR**
・仕事で生かせるアピールか。
・具体的な経験が盛り込まれているか。
・納得させるコミュニケーション能力があるか。

**中途採用**
**１．退職理由**
・人間関係など、組織適応力に問題がないか。

・会社都合の場合、気持を切り替えているか。
・志望動機につながる退職理由か。
### 2．職務経歴
・自社で生かせる経験をしているか。
・発揮できる職務能力を自覚しているか。
・実績や評価などに具体性があるか。
### 3．志望動機
・経験を生かしできることを理解しているか。
・自社に向けての志望動機か。
・自社における将来像を描いているか。
### 4．自己PR
・ビジネスに直結した自己PRか。
・具体的な実績が盛り込まれているか。
・コミュニケーション能力に長けているか。

## 第7章　面接のチェックポイント

## 9．定番質問以外の回答から見極める

　志望動機や職務経験といった定番質問でも質問の切り口を変えることで、応募者は用意してきた回答ではなく自分の言葉で回答しなければならなくなります。また回答内容からさらに掘り下げて質問をすれば、回答内容の信憑性がチェックできます。

　さらに組織適応力、ストレス耐性、責任感を見抜く質問をおこない、応募者の本質を見抜いてください。

[志望動機の変形質問]

「多くの企業のなかでどうして当社なのですか？」
（新卒・中途採用）
他社との違いを理解していなければ、曖昧な回答になります。志望意欲が強ければ明確に応募企業の強みなどを回答します。

「当社で5年後どのようなことをやりたいですか？」（新卒・中途採用）
応募企業を理解していなければ回答できません。入社意欲が高い応募者は、十分な企業研究をおこなっておりやりたいことを明確に回答できます。

「未経験の職種をなぜ選ばれたのですか？」（中途採用）
未経験の職種を前職が嫌だからという理由だけで応募していれば、教えてくれるだろうという甘えがあり戦力にならない可能性があります。自己啓発していることについても確認してください。

### 職務能力を見極める質問(新卒採用)

**「学生時代の経験を当社でどのように生かせますか?」**

自社の職務内容を理解したうえで具体的な回答をしているか見極めます。学業だけでなくアルバイト経験でも構いませんが、ウリとなる強みを理解しており生かせるものであれば、短期間で戦力になります。

**「これまで最も打ち込んだことについてお話しください。」**

集中力があり目的を持って行動してきた応募者は、具体的な内容を回答できます。特に打ち込んだものがない応募者は、仕事においても受身で捉える傾向があります。

**「チームワークで必要な事は何だと思いますか?」**

正解はありませんが、自己中心的な行動ではなく相手の気持を汲み取り対応することが求められます。チームワークを意識している応募者は、具体的な事例を踏まえて回答できます。

### 職務能力を見極める質問(中途採用)

**「職務上の強みと弱みを聞かせてください」**

強みについては回答を準備してきますが、弱みについては通常考えてきません。強みの生かし方と共に弱味をどのように克服しようとしているかを確認します。

**「今までの経験をどのように活かせますか?」**

過去ではなく今後を見ておりやるべきことを理解しているか確認してください。自社だからこそ生かせる経験を具体的に語ることができれば評価できます。

**「これまでの職歴を端的にお話しください」**

## 第7章 面接のチェックポイント

長々と職務経歴を語る方がいますので、端的に話すように促すことでポイントを押さえて話ができるか見極めます。端的であれば、これまでの経験から生かせる部分を強調して説明する必要があります。

組織適応力を見極める質問（新卒採用・中途採用共通）
**「人間関係で困ったことがありますか？」**
具体的な経験とそこから得たものをどう生かすことができるかまで回答できれば、組織適応力があります。経験がないという回答では、信憑性が疑われます。
**「良好な人間関係を構築するうえで大切なことは何だと思いますか？」**
人間関係を大切に考えている応募者であれば、具体的な内容を回答できます。回答時の表情から信憑性をチェックしてください。
**「嫌いなタイプはどのような人ですか？」**
嫌いなタイプとどのように付き合っているか見極めてください。自己分析ができており嫌いなタイプとの付き合い方を把握していれば、適応力があります。

ストレス耐性を見極める質問
**「学業成績が悪いですね」（新卒採用）**
厳しい指摘に対して表情が変わるようでは、ストレスに弱い可能性があります。指摘を認めたうえで冷静に理由を述べる応募者は見込みがあります。

「転職回数が多いですね」（中途採用）
転職理由について納得できる理由か見極めてください。回答時の表情が急に険しくなるようでは感情の起伏が激しい可能性があります。

責任感を見極める質問（新卒採用・中途採用共通）
「これまでに失敗したことをお聞かせください」
失敗を責任転嫁するようでは、責任感がない可能性があります。失敗から得た教訓を明確に語る応募者は見込みがあります。
「上司と仕事上で意見が食い違った場合どしますか？」
新卒採用では、上司の意見を理解するよう努めるといった回答も理解できますが、中途採用であれば、ただ意見に従うという回答だけでは仕事の姿勢や責任感に疑問があります。正解はありませんが、企業のために何をすべきか冷静に上司の意見を踏まえて考えたうえで、上司と十分話し合い最終的には上司の指示に従うといった回答であれば問題ありません。

## 第7章 面接のチェックポイント

## 10. 応募者の質問から見極める

　面接後半に応募者に対して質問がないか確認をしますが、一言「ありません」という返事では、第一志望ではない可能性があります。特に質問がない場合でも入社意欲があれば「十分ご説明いただきましたので特にありません。お話をお聞きし益々入社意欲が高まりました。」というように入社意欲を示した回答をします。

　**質問が待遇面や労働条件に固執している応募者は、自社の仕事に興味があるというより、条件面だけで選択していることが想像できます。**応募者の回答に真摯に回答すべきですが、自社でやりたいこと、できることに関連する質問なのか、条件面だけの質問なのか検討してください。

　新卒採用の集団面接では、他の応募者と質問が重なることがありますが、すでに同じ質問をされてしまったときの応募者の対応をチェックしてください。同じ質問をされても臨機応変により深い質問ができる応募者は、状況により的確に対応できる応募者です。すでに別の応募者が同様の質問をしたので理解でき特にないと落ち着いて語る応募者も、コミュニケーション能力で評価できます。

　応募者は質問をすることで入社意欲を示そうとしますが、無理やり質問をおこなおうとする応募者であれば、形式だけにこだわっている可能性があります。

　多くの質問を矢継ぎ早におこなう応募者がいますが、場の雰囲気を読み取れない自己中心的な応募者かもしれません。

面接の目的を理解せず一方的に意欲を示そうとするようでは、入社後良好な人間関係が築けない可能性があります。

　すでに説明した内容について質問をおこなう応募者は、緊張しているため聞き逃しているのかもしれませんが、理解力に問題があり職務能力で劣るかもしれません。

　些細なことが気になり質問をおこなう応募者は、ストレス耐性や組織適応力で問題がある可能性があります。

　質問するときの表情や語調に覇気がない応募者は、不信感を持っている可能性があります。入社意欲があるからこそ確認しておきたい質問なのかを見極めてください。
入社後の仕事内容に焦点を絞り質問をおこなう応募者は、入社意欲が高く見込みがあります。

### 逆質問見極めポイント
**・待遇面、労働条件に固執した質問のみする。**
⇒自社の職務に魅力を感じていない可能性がある。
**・質問がない。**
⇒一言で回答する応募者は入社意欲がない。
**・多くの質問をする。**
⇒面接の場を理解せず自己本意な可能性がある。
**・すでに説明した内容の質問をする。**
⇒理解力に欠ける。
**・仕事内容の質問をする。**
⇒意欲があり貢献できるか考えている。

第7章 面接のチェックポイント

## 11. 面接のチェックポイント

　面接は応募者が自社で求めている人材と合致するか見極めるうえでとても大切なプロセスですが、**応募者が話しやすい雰囲気を作り、本音で語ることができるように環境を整える必要があります。**

　第一印象の先入観が強すぎると、採否の判断を誤る可能性があります。第一印象も一つの見極めポイントですが、先入観を持たずに回答を含めて総合的な見地で判断することが大切です。

　チェックシートを手元に置き、応募者が回答しているときに記載する面接官がいますが、原則として応募者の回答に耳を傾けるべきです。記載すべき必要事項は、面接終了後でも記載できるはずです。面接は警察の取り調べではありません。面接官と応募者のコミュニケーションが何よりも重要ですから、応募者の回答を親身に聞くことに集中してください。

　面接退室時の応募者の表情、態度も観察してください。表情が暗く足早に立ち去るようでは面接に満足していない可能性があります。自社で採用したい人材であれば、満足していない理由を分析し、面接終了後に連絡を取りフォローする必要があります。

　漠然と面接をおこなうと、採否の判断が曖昧になることがあります。面接チェックポイントから見極めるポイントを整理してください。

## 面接チェックポイント

|  | チェックポイント | チェック |
|---|---|---|
| 第一印象 | 落ち着きがあり、覇気のある挨拶ができる |  |
|  | 視線がそわそわせず、面接官を見て挨拶する |  |
|  | 服装・髪型等に清潔感がある |  |
| 回答時の表情 | 口角が上がり、好感が持てる |  |
|  | 眼力がある。 |  |
|  | 語るときの表情が生き生きとしている |  |
| 志望動機 | 自社だからこそ入社したい理由を述べている |  |
|  | 適性、強みを把握したうえで志望している |  |
|  | 応募企業で貢献できること（したいこと）を述べている |  |
|  | 自社が第一志望である |  |
|  | 職務内容、業務内容に興味を持っている |  |
|  | 両親もしくは家族の反対はない |  |
|  | 憧れではなく、具体的なキャリアプランを持っている |  |
|  | 会社説明会の内容を熟知している（新卒） |  |
|  | 未経験であっても前職の経験を活かせる（転職） |  |
| 学生時代の経験（新卒） | 仕事で生かせる経験が盛り込まれている |  |
|  | 真摯に取り組む姿勢を感じる |  |
|  | 目的を持って行動している |  |
| 職務経験（中途） | 自社で生かせる経験がある |  |
|  | 職務経歴の信憑性がある |  |
|  | 発揮できる職務を強調して説明している |  |
| 退職理由（中途） | ネガティブな理由でも好機として捉えている |  |
|  | 自社でも同様の問題が起きる可能性は少ない |  |
|  | 転職理由は理解できる |  |
|  | 病気や怪我による退職の場合、現在は業務に支障がない |  |

## 第7章 面接のチェックポイント

|  | 会社都合による退職の場合、本人の責任は少ない |  |
|---|---|---|
|  | 退職理由と志望動機に関連性がある |  |
|  | 退職後のブランク期間について理解できる |  |
|  | 金銭的な問題による退職ではない |  |
| パーソナリティ | 話を聞く態度に好感が持てる |  |
|  | 語尾がしっかりしており自信を持って語る |  |
|  | 既存社員との協調性に問題がない |  |
|  | 前向きに物事を捉え、対処できる |  |
|  | 明るく不安を感じさせない |  |
|  | 話の内容に信憑性があり信頼できる |  |
|  | 周囲に気配りができ、場の空気が読める |  |
|  | 喜怒哀楽が激しくなく、精神面が落ち着いている |  |
| 応募者からの質問 | 待遇や労働条件に固執せず仕事についての質問をしている |  |
| 退室時 | 面接に満足し入社意欲を感じる |  |

## 12. 良い人材を採用する面接ポイント

・応募者は面接官を見て入社後の姿をイメージしていることを意識する
・雇用条件だけでなく職務内容、自社の経営方針、将来性等を的確に答える
・応募者が活躍できることを示し、期待感を与える
・一方的に質問をする面接ではなく、応募者に共感しながら会話形式で進行する
・応募者の動作、語調を真似て違和感のない心地よさを与える
・応募者の強みを理解し、自社に必要な人材であることを言葉で示す
・規定に捉われず応募者の能力、経験を見極め、待遇面を考慮する

第7章　面接のチェックポイント

# 13. 良い人材を見抜くポイント（まとめ）

[人間性]　　　　　　　　[職務能力]
素直さ　向上心　　　　　新卒採用　学業、アルバイト経験
ストレス耐性　適応力　　　　　　　　自己啓発
　　　　　　　　　　　　中途採用　実務経験　自己啓発

自社で活躍している社員のコンピテンシーモデルを検証

> 書類、面接、SPI試験、適性検査、作文、採用段階の応募者の変化で人間性と職務能力を見極める。

## 書類のチェックポイント

新卒エントリーシート
・自社への思いが伝わる文章を書いている。
・具体的な経験が盛り込まれている。
・手書きであれば丁寧に書かれている。

履歴書
・手書きの場合、丁寧に書かれている。
・自社に向けた志望動機が書かれている。
・入学年などに誤りがない。

職務経歴書
・自社が求めている職務を強調して記載している。
・実績、評価などを盛り込んでいる。

・退職理由が納得できる。
・自己PRでは発揮できる能力が記載されている。

**面接のチェックポイント**

**人物評価**　　素直さ　向上心　ストレス耐性　適応力
**能力評価**
　新卒採用⇒学校で学んだ知識や技術で関連性、アルバイト
　　　　　　経験、自己啓発
　中途採用⇒職務経験、自己啓発
**アピール評価**　自社だからこそ入社したい具体的な説明　プ
　　　　　　　　レゼン能力

**表情、聞き方から読み取れるポイント**　挨拶　眼力　笑顔
相槌
**態度から読み取れるポイント**　回答時の仕草　退室時の態度

# 第8章

# 内定者をフォローする

## 1. 提出書類で事実を確認する

　応募者から提出される履歴書や職務経歴書はあくまでも本人が作成したものであり、信憑性を確認するうえでも内定後に必要書類を提出してもらう必要があります。応募者が履歴や資格を偽り採用すれば、ミスマッチングが生じるだけでなく、審査が甘い企業だと認識されて入社後トラブルを引き起こす可能性があります。採用後のチェックを疎かにせず、内定者から提出してもらう書類で確認をしてください。

　提出書類から偽りが判明した場合は、内定取り消しを含めて毅然とした対応をする必要があります。
採用する場合でも、謝罪文などを提出させて反省を促します。

・内定承諾書で入社意志の確認、提出書類の偽りを防止する。
内定承諾書は、入社する意思を確認するうえで有効です。提出された書類に偽りがあった場合は、採用取消、解雇をおこなう場合があるという一文を加えることで、履歴や職務経歴

## 第8章 内定者をフォローする

の偽りを防ぐことができます。内定承諾書の提出期限を設けることで、入社の有無について確認ができます。

**・源泉徴収票で、前年の年収、退職時期を確認する。**
退職時期が記載されているので、履歴書や職務経歴書で記載されている時期と相違がないかを確認をしてください。面接で確認をした年収と相違がある場合、休職をしていた可能性があるので確認をしてください。また雇用保険被保険者証から履歴書に記載している企業名と相違がないかチェックしてください。

**・身元保証書で、人間関係を把握する。**
採用に伴う保証人を依頼できず提出が難しい応募者は、過去の経歴で何か問題がある場合がありますので、提出された履歴書、職務経歴書について再度確認をし、提出できない理由を本人と面談をして対応を検討します。

**・卒業証明書で学歴、住民票で住居地を確認する。**
中途採用で提出された履歴書や職務経歴書に偽りがなければ最終学歴の卒業証明書を拒む理由はありませんので、取り寄せまでの期間を考慮したうえで提出してもらいます。新卒採用では卒業見込証明書を提出してもらうものの、中途採用では疎かになっているケースがありますので、提出してもらうようにしてください。住所においても応募段階で企業から近い友人宅などを住所として記載し応募している可能性があり

ますので、交通費支給の確認と合わせて、住民票を提出してもらいます。

**・資格証明書、免許証で資格や免許を確認する。**
資格や免許がなければ仕事ができない職種であれば必ず提出してもらいますが、その他の資格や免許についても少なからず関連性がある場合は、提出してもらう範囲を定めたうえで免許や資格の写しを提出させてください。

## 第8章 内定者をフォローする

## 2．内定者フォローを怠らない

　内定を出せば採用業務が終了するわけではありません。内定後確実に入社し、さらに採用した人材が自社で貢献できる人材になった時点で、採用業務を達成したことになるのです。採用目標人数をクリアすることばかり考えていると、内定者のフォローが怠りがちになりますが、応募者は採用担当者を信頼して入社を決断するのです。内定後急に採用担当者の対応が冷たくなれば、内定者は本当にこの選択で間違っていないかと不安になります。内定を出したからこそ、**働く仲間として親身にフォローすることが、採用担当者に求められています。**

　商品を購入したときについて考えてください。購入後アフターフォロー部門が担当になり、それまで誠意を持って対応していた営業担当者と急に疎遠になることがありますが、顧客は売るときだけ親身になると捉えて、営業担当者や企業に対してマイナスのイメージを持ちます。分業体制でおこなっても構いませんが売ったら終わりというのではなく、販売後も顧客と関わりを持つ体制でなければ、企業側の都合ばかり考えた体制になってしまうのです。

　採用業務も同様に採用したから終わりというのではなく、担当者が違っても困っていることがないか連絡を入れてみるといった誠意を示してください。内定がゴールと捉えており、内定をもらうと急に熱が冷めてしまう内定者がいます。また在職中であれば、内定後に退職を申し出るケースが多いので

すが、優秀な人材であれば間違いなく引き留められます。上司から引き留められることで、気持が揺らぎ退職を思い留まることもあります。

内定後もっと自分に合う会社があるのではと考え、内定を辞退するケースもあります。特に在職中もしくは離職期間が短い内定者は、入社への不安もありなかなか決断ができず、活動を続ける選択をします。

このように迷っている内定者は、採用担当者がフォローすることで気持が固まります。内定辞退を撤回するのは難しいと考えてください。迷っているときに親身に相談に乗ることで、不安を払拭でき入社の決断をするのです。

雇用契約書も郵送で送付するのではなく、できれば来社してもらい口頭で説明をすることで内定者は安心感を覚えます。

### ポイント
・採用業務は内定後のフォローが重要だと捉える。
・内定者の多くが、本当にこの選択でいいのか迷う。
・在職中の内定者は引き留められて迷う。
・内定者をフォローすることで入社の意思を固める。
・雇用契約書はできる限り説明をおこない手渡しにする。

## 第8章 内定者をフォローする

## 3. 雇用契約書について

採用にあたり賃金や労働時間などの労働条件を明示することが、労働基準法で義務付けられており、一定の事項については、書面で交付することになっています。

入社後提示すればいいと考えている採用担当者がいますが、入社前に待遇や労働条件について記載された雇用契約書を書面で交付しなければ、内定者は企業に対して不信感を抱きます。

入社後能力を見て給与を決めるため提示できないというのは通用しませんので、入社時の賃金について提示してください。書面で渡さなければいけない項目については割愛できません。

内定後速やかに雇用契約を交わすことで、内定者は入社を決断するのです。

**雇用契約において書面で渡さなければいけない項目**
1. 雇用契約の期間(期間の定めがないときは、その旨記載する。)
2. 勤務地、仕事の内容
3. 始業及び終業の時刻、残業の有無、休憩時間、休日、休暇、交替勤務に関する事項
4. 賃金の決定、計算及び支払いの方法、締切日、支払日
5. 退職に関する事項(解雇事由、退職事由、定年年齢など)

## 4．内定後の迷いを払拭する

　内定者から質問がしたいと問い合わせがあったときは、親身に対応してください。できれば来社してもらい内定者の表情を観察しながら不安や疑問に応えるべきです。

　電話で簡単に対応すると、内定者は不安を感じ内定を辞退するかもしれません。**内定者と連絡を取らずに放置すれば、不安な内定者はより不安が大きくなり、その結果入社を思い留まるのです。**

　内定者から会社見学や配属予定部署の社員と面談したいといった申し出がありますが、忙しくて対応できない、あるいは入社後にしてほしいといった冷たい態度で対応しないでください。新卒採用では、会社説明会で詳細な説明を受け先輩社員と話ができる機会もあるかもしれませんが、中途採用では会社説明会を実施しない企業が多く、面接で会社概要や職務内容の説明をおこないます。このため書面や口頭ではある程度理解はしているものの、採用担当者以外の社員と会ったことがないため、良好な人間関係が築けるか不安になります。特に中途採用では人間関係のトラブルで辞める人もいるので、同じ問題を繰り返したくないという気持から実情を知りたいのです。

　内定者の相談や質問を受ける際、入社を前提に考えているのか、内定辞退のきっかけを作りたいのか見極めることが必要です。内定辞退を決断するための相談であれば、無理に入社してもらわなくてもいいでしょう。入社したいからこそ不

## 第8章　内定者をフォローする

安や疑問を解決しておきたい内定者には、親身に対応し入社を決断する後押しをしてください。

親身に対応したにも関わらず、入社意欲が感じられないようであれば、仮に入社しても良い人材にはなりません。無理やり入社を強要する必要はありません。不安や悩みが解決できない問題であれば、入社を思い留まるべきかもしれません。

面接時に希望年収を採用担当者に伝えたにも関わらず、内定後より高い年収が欲しいと交渉する内定者がいますが、提示した額が面接時の希望年収をクリアしているならば、内定者の要望を呑むべきではありません。内定が欲しいが故に低めの希望年収を伝えて、内定をもらったので待遇について交渉するような人材は、待遇面だけに固執するため仮に要望に応じても再び駆け引きをしてきます。入社後の昇給、昇格について説明し実績を出せば希望年収に到達すると伝えてください。

内定者にとって企業選択は、人生を決める大きな転機であることを理解し、内定者の不安を取り除き気持良く入社してもらうことが、入社後戦力として活躍するための第一歩なのです。

### 内定者の不安を払拭するポイント
・相談や質問に対してできれば来社してもらい対応する。
・会社見学などの希望があれば快く対応する。
・面接時と異なる条件を希望する場合、慎重に対応する。
・迷っている内定者に対し決断の後押しをする。

## 5．内定者研修（新卒）で引き付ける

　中途採用では通常入社までの期間が短いので内定者研修は必要ありませんが、新卒採用では、内定後期間がありますので、内定式、内定者研修をおこない企業の一員となる自覚を持たせ、さらに内定者同士の連携を強める必要があります。

　新卒採用では、内定後ももっといい会社があるのではと就職活動を続ける学生がいますが、内定式や内定者研修を実施し、企業側に引き込むことで気持が固まります。

　新卒採用では、内定者の人数が少なくても企業の幹部を交えて内定式をおこなってください。内定式の参加で入社の意思を確認できます。内定式後に幹部を交えて食事会をおこなえば、入社を歓迎されている気持が強くなり、社会人としての期待も膨らみます。

　入社までの半年間に内定者研修を一度は開催すべきです。学業を優先すべきですので開催時期について配慮が必要ですが、10月が内定式であれば11月末と2月、もしくは2月が学生の試験や帰省時期であることを考慮すれば、11月末のみでも構いません。

　**内定者研修は、社会人としての意識と内定者の連携を強化する目的で実施してください。** あくまでもまだ学生ですので、厳しい研修ではなく緩やかに社会人としての自覚を促す内容にしてください。内定者の連携を深めるために、チームでおこなう教育ゲームを取り入れてもいいでしょう。研修終了後に既存社員を交えて懇親会をおこなえば、既存社員との関係

## 第8章 内定者をフォローする

もでき内定者の意識が高まります。さらに忘年会や新年会といった会社行事に内定者の参加を促す方法もあります。会社のイベントに参加することで、企業の一員となる気持がより高まるのです。

学校の都合で研修に参加できない内定者がいる場合、フォローを忘れないでください。研修で使用した資料などを本人に渡して孤立しないようにします。研修や会社イベントに参加できない内定者は、入社を決断できていない可能性がありますので、来社してもらい話をする機会を設けてください。

中途採用においても入社まで期間がある場合は、入社前にテーマを与えて企業との関係を強化する方法もあります。

内定者をより企業に近づけるためには、採用担当者が中心となり内定者研修、イベント、食事会などをおこない、関係を密にすることが大切です。

### 新卒新入社員内定式（例）
・社長挨拶
・先輩社員代表挨拶
・新入社員代表挨拶
・内定証書授与
・内定式終了後食事会

### 新卒内定者研修（例）
・配属予定部署上司挨拶
・採用担当者挨拶
・教育研修ゲーム
・テーマを与えチームで発表
・研修終了後既存社員を交えて懇親会

### 内定者研修の注意点
・学業に差し支えないようにする。
・厳しい研修はおこなわない。
・内定者の体調管理を気遣う。
・一方的な研修ではなく参加型の研修を盛り込む。
・内定者の表情や態度を見極める。
・参加できない内定者のフォローをおこなう。

## 6. 内定者の報告内容を読み取る（新卒）

　新卒新入社員に対して入社まで期間がありますので、月に一度メールなどで近況報告をさせてください。学生に負担をかけるべきではありませんが、近況報告や質問事項などについて報告させます。

　採用担当者は送られてきた報告書をチェックし、学生の気持の変化などを見極めてください。**最初は丁寧に書いていた内定者が、文字数が減るようであれば、何か問題を抱えている可能性があります。**期日までに送ってこない内定者に対しては、速やかに連絡を取り送付を促します。

　質問や悩みが記載されている場合は、迅速に対応することが大切です。忙しさのあまり返答を忘れるようでは、内定者との信頼関係が壊れてしまいます。

　中途採用でも入社まで3ヵ月以上の期間がある場合は、近況報告をさせるといいでしょう。報告書を提出させることで内定者は企業との繋がりを確認でき、企業は内定者の状況や心理面を把握できます。

　採用担当者が考えている以上に、内定者からは連絡が取りにくいのです。何でも相談するように伝えていても、いざ連絡を取ろうとすると躊躇してしまう内定者がいます。予め報告できる仕組みを作れば、内定者は気軽に採用担当者と連絡を取り合うことができるのです。

　報告書は、記載項目を盛り込んだフォームを決めると、書きやすくなります。負担をかけずに書きやすい内容で、企業

との関係を強化するようにしてください。

**近況報告書（新卒）例**
・現在の学校生活についてお知らせください。

・現在打ち込んでいることは何ですか？

・最近楽しかったことは何ですか？

・学業や私生活で抱えている悩みがありましたら可能な範囲でお聞かせください。

・入社にあたり質問事項がありましたらお聞かせください。

## 第8章 内定者をフォローする

### 7．内定辞退者の対応

　内定辞退の申し出は、原則として気持を変えることは難しいのですが、去る者追わずという姿勢で理由を確認せず簡単に了承するようでは、今後の採用に生かすことができません。内定辞退の本音を知ることで、自社で見直すべき問題やヒントが発見できるかもしれません。内定辞退者が悪いと考えるのは企業側の視点ですが、内定辞退者側にも決断した理由があります。内定辞退の本音を聞き出すことで、自社の改善点が見えてくるのです。

　内定辞退に対して、感情的に対応しても覆すことはできません。本来は内定辞退を申し出る前に内定者と話をすべきですが、内定者に対して評価している点や自社における将来像などを、穏やかな表情で語ってください。

　必要以上に辞退について攻めれば、不信感を抱き益々辞めたい気持が強くなります。辞退を申し出た内定者に対して、内定辞退を了承する姿勢を示しながら会話をすると、辞退の理由を聞き出すことができます。「内定辞退は絶対に認めない。」と強い口調で語れば、内定者も感情的になるのです。

　内定辞退の理由を確認したうえで、自社で対応できないものであれば気持良く了承してください。応募者の誤解や対応できる問題であれば、丁寧に説明したうえで再考を促します。**引き留めることが目的ではなく、内定者の将来を真剣に考えてアドバイスをしている姿勢を示すことが大切です。**

　内定者が迷っているならば期間を決めて再度考えてみる時

間を与えることで気持が変わることがあります。

　内定辞退者も将来の顧客になる可能性があります。内定辞退者の気持を汲み取り辞退を撤回できないようであれば、気持良く了承してください。

### 内定辞退者の対応ポイント
・感情的にならず冷静に理由を確認する。
・原則として引き留めは難しいと理解する。
・内定者の将来像を語り引き留める。
・結論を急がず再考する時間を与える。
・将来の顧客になる可能性を理解し対応する。
・内定辞退理由を将来の採用業務に生かす。

第8章 内定者をフォローする

## 8．入社日は全社員で歓迎する

　新卒新入社員の入社は、入社日も決まっており社員が一丸となり歓迎しますが、中途採用は入社日も一定ではありませんので、受入れ体制が整っていなければモチベーションが下がってしまうことがあります。企業規模により情報の伝達が難しい場合がありますが、少なくても同じフロアの社員に対しては、予め新入社員が入社する情報を提供し、当日は温かく歓迎してください。

　新卒採用では、複数の新入社員が入社しますので孤立することはありませんが、中途採用では1名の入社という場合もあり、入社日に話し相手がいないために気持が沈んでしまうことがあります。

　中途採用では実務経験者として入社することが多く、既存社員のなかには自分の立場が脅かされると考え、歓迎しない態度や言葉を放つことがあります。私も以前人事部長として転職した初日に総務部長から「なぜこんな企業を選んだの？」とモチベーションが下がる言葉を投げかけられました。

　既存社員にとって当たり前のことでも、新入社員は環境の変化により大きなストレスを抱えます。

　環境に馴染めず入社日に辞めたいと考える新入社員もいるのです。

　入社日に名刺や備品を揃えておくことで、新入社員は歓迎されていると感じます。社会保険の手続きなども速やかにおこなってください。選考段階から関係のある採用担当者が率

先して、既存社員を紹介してください。

　就業中はなかなか会話が難しい場合がありますので、入社後1週間以内に歓迎会を実施すると、新入社員と既存社員の距離が縮まります。

　**新入社員は、想像以上に緊張して入社初日を迎えます。緊張を和らげる特効薬は、既存社員からの言葉なのです。**新入社員からは、忙しく仕事をしている既存社員に声をかけられません。既存社員が意識的に声をかけるよう、事前に周知徹底することで新入社員は「この会社を選んで良かった」と入社日に感じるのです。

### 入社日の受入れポイント
・既存社員に事前に新入社員が入社することを知らせる。
・既存社員から声掛けをおこなう。
・必要な備品は、入社日までに揃える。
・大きな環境の変化であることを認識する。

# 第9章

# 新入社員を定着させる

## 1．新入社員が定着するポイント

　せっかく採用してもすぐに辞めてしまえば経費が無駄になるだけでなく配属予定部署に支障をきたします。特に新卒新入社員は、始めての社会人経験ですので入社後の受入れに問題があると、短期間で辞めてしまう可能性があります。

　甘やかすのはいけませんが、3ヵ月程度は少しずつ慣らしていくくらいの体制で臨んでください。

　社会人の厳しさを教えるつもりで最初から厳しく指導する上司や先輩がいますが、会社に慣れないうちに厳しさだけの指導ではやる気を失ってしまいます。

　多くの新入社員は、新卒、中途を問わず頑張ろうという気持で入社しますが、**人間関係がうまくいかない、仕事がうまくいかない、先が見えないといった不安を抱けば、短期間で辞めたほうがいいと考えるのです。**

　「何でこんなことができないのか？」「だから若い奴は……」と声に出さなくてもこのような気持で新入社員と接す

## 第9章　新入社員を定着させる

れば、間違いなくその気持が新入社員に伝わります。やりたいけれどできずに右往左往している新入社員を非難しているだけでは、新入社員は定着しません。

　入社してくれたことに感謝の気持ちを持って受け入れることで、新入社員への対応が変わってきます。

　環境が変わることで大きなストレスを抱える新入社員がいます。ストレスの受け方は人それぞれ違いますから、ストレスの原因を見つけて取り除く方法を考えてあげるべきです。

　実務経験のある中途採用の社員も、環境が変われば慣れるまでに時間がかかります。経験者だからわかっているだろうと説明をせず放置しておけば、必要とされていないと感じて辞めていきます。

　新入社員が定着するためには、既存社員の温かい思いやりが大切です。何も今さらと思うかもしれませんが、思いやりが欠けている職場は、常に入れ替わりが激しく常に人員が不足しているため、既存社員がイライラしながら仕事をしています。このような職場に新入社員が入っても定着しません。

　思いやりの気持ちを示すため、新入社員を常に気にかけて、声をかけることから始めてください。それぞれ違った環境で生活してきた新婚夫婦も、一緒に暮らし始めてから数ヶ月間はお互いに相当なストレスを感じますが、数ヵ月もするとお互いの生活スタイルを理解でき、ストレスは解消されていきます。

　新入社員も入社後半年経過すれば、会社のルールや1日の流れを身体が覚えてストレスを感じなくなります。

できて当たり前の仕事でも、新入社員にとっては初めての経験なのですから、大いに褒めてください。褒めることが自信につながります。

　仕事の技術やスキルを高めるための指導は、会社に慣れてからでも遅くはありません。環境の変化になれることが、新入社員定着のために重要なのです。

　採用担当者だけでなく既存社員一人ひとりが思いやりを持って新入社員と接することが、新入社員の定着に繋がるのです。

### 新入社員が定着するポイント
・数ヵ月は慣らし運転だと考え対応する。
・入社当初から過剰な期待をしない。
・不満を顔や態度に出さない。
・陰で語らず本人に直接指導する。
・既存社員から声掛けをする。
・できて当たり前の仕事でも褒める。
・既存社員一人ひとりが思いやりを持って対応する。

# 第9章 新入社員を定着させる

## 2．配属後も定期的にフォローする

　配属後も新入社員が定着するために、採用担当者がフォローしてください。採用業務は新卒採用、中途採用と年間を通じておこなうため、配属後は配属部署に任せている企業が多いのですが、少なくても半年間は採用部署も新卒新入社員をバックアップするフォロー体制が必要です。

　配属すると新入社員同士がバラバラになり、悩みを相談できる相手がいないため孤立してしまうケースがあります。新卒新入社員の現状を把握するうえで、**毎月1回採用部門宛てに現状を報告させる仕組みを作ってください。この報告書は、配属部署とうまくいっていないことも想定し、直接採用部門へメールやFAXで送らせます。**記載内容は、現在おこなっていることや現在抱えている悩みなどを報告させることで、配属後も新入社員の状況を把握でき対応することが可能です。

　問題があれば配属部署の上司と相談し速やかに対応します。上司との関係が上手くいっていない場合は、直接本人と話をする必要があるかもしれません。新入社員と上司の関係が悪いとき、上司から今度の新人は使えないとクレームが入ることがありますが、上司からの一方的な意見ではなく、新入社員からもヒアリングをして問題解決をおこないます。

　数ヵ月経過すると、報告書が届かない、もしくは記載内容が極端に少ないことがありますが、このような状況を放置せず新入社員と面談をしてみてください。退職を考えている社員は、突然勤務状況が悪くなる、挨拶をしない、終業後すぐ

に帰社するというように事前に何らかのアピールをします。新入社員の変化にいち早く対応しなければ、優秀な人材が辞めてしまうかもしれません。

　中途採用では、これまでの実務経験がありますので報告書を特に出させる必要はありませんが、配属後も採用担当者が一声かけてください。表情が曇っていれば、何か悩みや問題を抱えているかもしれません。新入社員は、社内に精通しているわけではありませんので、相談相手もいないなかで一人で悩んでいる可能性があります。採用担当者から声を掛けることで実情を知ることができます。
「いつでも相談してください。」と言っても新入社員から相談はなかなかできません。採用担当者が話しをするきっかけ作りをおこなってください。

### 配属後のフォロー
・新卒新入社員は、月に一度報告書を提出させる。
・報告書の内容を読み取り速やかに対応する。
・配属後も新入社員の声掛けを積極的におこなう。
・配属部署任せにはしない。

## 3. ブラザー・シスター制度を活用する

　新入社員の仕事の悩みや質問に応えるために、年齢の近い先輩社員を新入社員一人ひとりにあてがうブラザー・シスター制度を導入してください。**年齢の離れた上司では相談しにくいことも、ブラザー・シスターであれば気軽に相談できます。**相談相手がいることで、新入社員は不安を抱えず仕事に取り組めます。またこれまで後輩社員がいなかった先輩社員も、指導役としての自覚が芽生え、モチベーションが上がるのです。

　会社に批判的なブラザー・シスターを配置すると、新入社員に悪影響を及ぼしますので、事前にブラザー・シスター向けの研修をおこなってください。配属後は、新入社員の状況についてブラザー・シスターから新入社員の状況報告をもらう仕組みを構築することで、配属後の新入社員の状況を把握することができます。

　新入社員の育成に関わるブラザー・シスターへの評価もおこなってください。新入社員を褒めるだけでなく、ブラザー・シスターの役割が大きいことを理解しブラザー・シスターを褒めることも忘れないでください。

　新入社員が辞めることが人事考課などに影響すると考え、腫れものに触るように言いたいことも言わない上司がいますが、このような状況では新入社員は育ちません。配属部署ではブラザー・シスターでは解決できない問題も多くあります。ブラザー・シスターが上司と連携を取り、必要に応じて上司

が直接問題解決をおこなう体制が必要です。

　ブラザー・シスターは、職務能力では未熟かもしれません。ブラザー・シスターに任せっきりにするのではなく、配属部署が一丸となり新入社員を育てる意識が大切です。新入社員と先輩社員を成長させるために、ブラザー・シスター制度を導入してください。

### ブラザー・シスター制度のメリット
・新入社員が年齢の近い先輩社員に相談できる。
・先輩社員の育てる意識が高まる。
・年齢が近いことで悩みを理解できる。

### ブラザー・シスター制度のディメリット
・会社に批判的な先輩社員では悪影響を与える。
・新人育成をまかせっきりにしてしまう傾向がある。
・先輩社員の負担が発生する。

## 第9章　新入社員を定着させる

## 4. モチベーションを高める方法を実践する

　優秀な人材でも仕事への意欲が失せてしまえば、貢献できる人材にはなりません。特に新入社員は慣れない環境でストレスが溜まります。新入社員のモチベーションを高めるための方法について考えてみましょう。

### ●新入社員研修で会社案内を作成する
　新入社員をグループに分けて会社案内を作成する研修をおこなうことで、新入社員が改めて会社の業務や特徴を理解します。上司や先輩社員のインタビュー記事を掲載する条件にすれば、既存社員とのコミュニケーションができます。どのような会社案内にするかチームで考え、それぞれ役割分担をおこない作成していく過程は、チームワークを確立するうえでも有効です。また作成時間を設けることで、納期の重要性といった時間に対する意識付けもおこなえます。

　会社案内が完成したら、グループごとに会社幹部や上司に発表する機会を設けることで、プレゼン能力も高めることができます。

### ポイント
・会社案内を新人研修でチームごとに作成させる
・発表する機会を設けプレゼン力を高める。

### ●必要としていることを示す。（存在感）
　新入社員だけではありませんが、特に新入社員は仕事が未

熟なため自信を喪失し、必要のない人材だと考えてしまう傾向があります。高度な仕事でなくても「助かるよ。」「いい仕事だね。」など、必要としており役に立っていることを言葉で示すことが大切です。

**ポイント**
・新人の仕事に注目し存在価値を芽生えさせる。
・当たり前の仕事でも一言添える。

●**仕事の目的を明確に示す。**

　単純作業でも、仕事の目的を説明してください。「コピーを取っておいて。」ではなく「役員会議で使用する重要資料のコピーをお願いします。」と指示することで、仕事への意識が変わります。新入社員が知らなくていいこともありますが、説明が面倒だという考えでは新入社員は育ちません。

**ポイント**
・仕事内容を説明することで役割を担う意識が芽生える。
・単純作業を嫌がらないために目的を伝える。

●**じっくり話を聞き応える。（共感する）**

　忙しさのあまり、新入社員の言葉に耳を傾けないようでは、新入社員は育ちません。新入社員と話をする時間を設けてください。新入社員の話を聞き共感することで、信頼関係が構築できます。

**ポイント**
・伝えることだけでなく聞くことを心がける。

## 第9章　新入社員を定着させる

・新入社員に共感することで信頼関係が芽生える。

●3回誉めて1回叱る。

　叱るだけでは新入社員のモチベーションは上がらず、自信を喪失します。誰でもできる仕事でも新入社員のときはできなかったことも多いはずです。褒めることで自信が芽生え成長していきます。褒めることで叱る言葉が有効になります。3回褒めて1回叱ることで新入社員は成長します。

**ポイント**
・できない社員と決めつけず褒めることでやる気が増す。
・褒めることで叱ることが伝わる。

●3年後の姿をイメージさせる。

　新入社員は、目の前の仕事で余裕がなくなりますが、だからこそ3年後の姿を語ってください。活躍している先輩社員がいれば、本人が新入社員の将来像を語ることでモチベーションが上がります。日々の仕事だけでなく広い視点で捉えることができるとストレスにも耐えられます。

**ポイント**
・広い視点で捉えるために数年後をイメージさせる。
・できる先輩社員の行動がモチベーションを高める。

●新入社員が発表する機会を与える。

　何かテーマを与えて新入社員が発表する機会を与えてください。転職者であれば前職の経験を踏まえた内容が効果的で

す。新入社員に発表の機会を与えることで、既存社員との距離が縮まります。仲間としての意識を構築するうえでも実践してください。
**ポイント**
・発表する機会を与えて既存社員との距離を縮める。
・前職の経験を発表することが自信に繋がる。


●**存在価値を「ありがとう」で示す。**
　新入社員だけではありませんが、社員同士が感謝の気持ちを持ち、相手に対して感謝の気持ちを言葉で言える職場は、職場の雰囲気も良く良好な人間関係が構築されています。特に新入社員は先輩社員や上司から「ありがとう」と言われることで、存在価値を認識できモチベーションが高まります。
**ポイント**
・感謝の言葉が良好な人間関係を築ける。
・新入社員の仕事が認められていると認識する。

第9章 新入社員を定着させる

## 5．スキルを高める方法を実践する

　新入社員が戦力になるためには、スキルを高める必要があります。特に新卒採用では実務経験がないため名刺の渡し方や報告・連絡・相談といったビジネスマナーについても研修などで教える必要があります。言われたことはやるが、自分から率先して覚えようとしない新卒新入社員の傾向があります。見て覚えるといった昔ながらの指導は通用しません。企業は学校ではないのですが、実務経験のない新卒新入社員にいきなり期待するのではなく、段階的にステップアップできるよう教育をしていくことで、戦力になる人材に成長します。

　できない点をきちんと指摘したうえで、やり方を具体的に指導すれば、確実に成長していきます。

　会社が求めている仕事ができないため仕事が嫌になり辞めていく新入社員がいます。新入社員のスキルを高める方法について考えてみましょう。

●不足しているスキル、経験を明確に伝える。

　不足している知識や技術があっても、嫌われたくないという気持や教えるのが面倒だと考えて見て見ぬ振りをする上司や先輩社員がいますが、このような企業では新入社員の成長は見込めません。

　辞めてもらっては困ると考えあえて指摘をしない状況では、周囲の社員のストレスも溜まり良い影響を与えません。できない新入社員だと陰口をたたいている社員こそ、できな

い社員なのです。特に実務経験がない新卒新入社員は、誰かが指導しなければずっと気づかないまま社会人として過ごしていきます。不足している知識や技術を明確に伝えることで、新入社員はやるべきことがわかってくるのです。

**ポイント**
・見て覚えろという指導は通用しない。
・できない新入社員と陰口をたたかない。

●キャリアシートを活用する。

　人事考課をおこなっている企業は多いのですが、職種や部署でやるべきことができているかチェックするキャリアチェックをおこなっている企業はそれほど多くありません。職種や部署でやるべきことを詳細に書き出し、キャリアシートを作成してください。やるべきことがわからず困っている新入社員にとってキャリアシートで把握できれば、スキルアップが期待できます。キャリアシートに職種や部署でおこなう職務を記載し、まず新入社員がチェックします。次に上司がチェックし、見解が違っている点を中心に上司が新入社員と面談をおこないます。新入社員ができていると思っていても、上司はそう考えていないこともありますし、逆に新入社員ができていないと考えていても、上司は評価している場合もあるのです。

　業務中に直接指摘しなければいけないこともありますが、やるべきことを体系化し、時間を設けて新入社員と上司がスキルのすり合わせをおこなえば、上司は日頃から新入社員の

## 第9章 新入社員を定着させる

仕事をチェックしますし、新入社員も不足しているスキルを改善しようと考えるのです。

人事考課は、部門や職種が異なっても共通した項目で評価しますが、キャリアシートはより具体的におこなう業務の評価です。

キャリアシートを3ヵ月に1回程度継続して実施することで、前回できていなかった職務ができるようになっていく状況が可視化でき、新入社員のモチベーションアップにも効果があります。日頃忙しく上司が部下と会話ができない状況でも、キャリアシートをツールとして、スキルの進捗について話す時間ができるのです。

**ポイント**
・新入社員はやるべきことが明確になる。
・上司と新入社員がコミュニケーションを取る。
・スキルの成長が可視化できる。

## キャリアシート（営業事務）例

氏名（本人） ＿＿＿＿＿＿
氏名（上司） ＿＿＿＿＿＿

できている項目に○、できていない項目×を記入→本人が記入後上司に提出→備考欄に上司のコメントを記入

|  | 年　月 |  | 年　月 |  |  |
|---|---|---|---|---|---|
| 項目 | 本人 | 上司 | 本人 | 上司 | 備考 |
| 笑顔で挨拶ができる |  |  |  |  |  |
| 身だしなみが整っている |  |  |  |  |  |
| 電話応対ができる |  |  |  |  |  |
| 来客応対ができる |  |  |  |  |  |
| 取引先と円滑に対応できる |  |  |  |  |  |
| 旅費精算ができる |  |  |  |  |  |
| 販促資料を作成できる |  |  |  |  |  |
| 売上管理ができる |  |  |  |  |  |
| 商品知識がある |  |  |  |  |  |
| 状況に応じた対応ができる |  |  |  |  |  |
| 顧客の要望を把握できる |  |  |  |  |  |
| クレーム対応ができる |  |  |  |  |  |
| 問題改善意識がある |  |  |  |  |  |
| 他部門と連携できる |  |  |  |  |  |

### ●OJT制度を見直す。

　実践の場で仕事を覚えていくOJT（オンザジョブトレーニング）を実施している企業は多いと思いますが、本当にスキルを高めるためのトレーニングができているか検証してみてください。上司や先輩社員の指導もなく、与えられた仕事をおこなっているだけではトレーニングとは言えません。ト

## 第9章 新入社員を定着させる

レーニングは、トレーニングの成果が出て目的が達成できますが、目標がなく日々淡々と仕事をおこなうだけでは成長は期待できないのです。

OJTの状況についても採用担当者がチェックしてみてください。採用した人材が配属部署でどのような指導を受け成長しているのか見極め、成果が出ていない場合はトレーニングそのものを見直す必要があるかもしれません。現場にまかせっきりではなく、OJTがどのよう機能しているか、新入社員がトレーニングにより確実に成長しているか見極めることが大切です。

新入社員配属後数ヵ月から1年程度は、OJTとしてのトレーニング内容と、新入社員がどのように成長しているか配属部署の上司から報告書を提出させて、現場における教育について意識付けをおこなうことも必要です。

**ポイント**
・OJTの進捗状況を把握する。
・配属部署にまかせっきりにしない。

●結果だけでなくプロセスを評価する。

実績主義の企業ではプロセスを評価しない傾向がありますが、特に新入社員に対しては、結果だけでなくプロセスをヒアリングしなぜ成果につながらなかったのかの理由を検証させて、指導することが大切です。

結果だけしか評価しない体質では、人材は成長しません。成果だけを追い求めることで、モラルに反した行動をおこな

う社員も出てきます。プロセスを評価すれば、うまくいかなかった原因について考えるため、人材育成だけでなく今後の成果に結びつきます。

　実績を上げられない社員をできない社員と決めつけるのではなく、プロセスのどこに問題があったのか考えさせて次に繋げる企業体質を構築してください。

**ポイント**
・プロセスについて確認する。
・プロセスを検証し次に繋げる。

### 第9章 新入社員を定着させる

# 6. 新入社員を定着させる方法（まとめ）

**モチベーションアップ**

・配属後も定期的にフォローする。
⇒本部主導で新入社員の動向を把握する。
・ブラザー・シスター制度を活用する。
⇒悩み、不安、疑問を解消する。
・新入社員研修で会社案内を作成する。
⇒会社理解、既存社員との親睦、チームワークの向上につながる。
・仕事内容、目的を明確に示す。
⇒組織の一員という意識が芽生える。
・じっくり聞き応える。（共感する）
⇒状況を把握し対応する。
・3回誉めて1回叱る。
⇒信頼関係を構築する。
・3年後の姿をイメージさせる。
⇒広い視野で捉える。
・新入社員が発表する機会を与える。
⇒組織の一員という意識が芽生える。
・存在価値を「ありがとう」で示す。
⇒仕事にやりがいを持つ。

**スキルアップ**

・不足しているスキル、経験を明確に伝える。

⇒やるべきことの理解、スキルアップに繋がる。
・**キャリアシートを活用する。**
⇒やるべきことの理解、スキルアップに繋がる。
・**OJT制度を活用する。**
⇒スキルアップに繋がる。
・**結果だけでなくプロセスを評価する。**
⇒次の成果に繋がる。

# あとがき

　私が人事に携わっていたときマニュアル本を丸暗記して応募する新卒学生がいましたが、回答内容は立派でも心に響かず採用したいとは思いませんでした。

　面接は恋愛と似ています。好きな相手ができれば、真剣にどのようにアピールするか考えます。好きな相手の趣味や志向も知りたいと思うはずです。そして相手の求めているものに近づこうとするはずです。採用業務も同様に、応募者がどれだけ自社への思いがあり、自社が求めている人材に近づこうとしているかという視点で捉えてみてください。

　恋愛でお付き合いが始まっても自己主張が強く我儘であれば、相手の気持は離れてしまいます。せっかく採用しても企業が社員を思いやる気持ちがなく、採れば終わりという考えでは、社員は離れてしまうのです。

　優秀な成績や実績のある人材が、必ずしも自社にとって良い人材になるとは限りません。もちろん職務能力や適性も採否を決める重要な要素ですが、社員の企業へ貢献したい気持が大切です。優秀であっても自己本意な人材であれば、条件面に固執し会社の状況が悪くなればすぐに辞めてしまいます。

　正社員で雇用するならば、厳しい状況になっても会社のために親身に働く人材かどうかという視点で見極めることが大切です。採用試験をおこなうなかで、素直さ、向上心、適応力、ストレス耐性がある応募者であれば、厳しいときこそ頑

張れる人材になる可能性が高いと言えます。

　人が能力を発揮する要因は本人の能力や適性だけではなく、企業が社員をどのように捉えているかという点が重要です。優秀な社員が入社しても、会社が社員の将来を考えず使い捨てのような扱いをすれば、どんな人間でも気持は離れてしまいます。

　新卒採用で高卒採用の5割、大卒採用の3割が3年以内に辞めていくと言われています。じつに勿体ないことです。様々な事情があると思いますが、必ずしも新入社員に問題があるとは言えません。入社時の新入社員はこの会社で頑張ろうという気持で入社したはずです。それがたった3年間で気持が失せてしまい辞めていく現状は、企業の受入れ体制、育て方にも問題があると思います。

　採用業務に正しいやり方などありません。そしてこれまでおこなってきた採用方法が今後も正しいとは限りません。良い人材を採用し企業貢献できる人材に育てば、それが正しい採用方法なのです。

　本書で書かせていただいた採用の捉え方、採用方法、受入れ体制などについてぜひ参考にしていただき実践してみてください。
皆さまの企業が良い人材を採用でき、益々発展していきますよう心から祈願いたします。

　末筆になりましたが、本書を執筆するにあたり経営書院の編集部の皆さまには並々ならぬご尽力をいただきました。書面をもって感謝の気持ちをお伝えできればと思います。

　　　　　　　　　　　　　　　　　　　　谷所 健一郎

## プロフィール

谷所 健一郎（やどころ けんいちろう）
有限会社キャリアドメイン　代表取締役　http://cdomain.jp
日本キャリア開発協会会員　キャリアデ・ベロップメント・アドバイザー（CDA）

東京大学教育学部付属高校在学中にニューヨーク州立高校へ留学。武蔵大学経済学部卒業後、株式会社ヤナセに入社。その後、株式会社ソシエワールド、大忠食品株式会社で、新卒・中途採用業務に携わる。1万人以上の面接を行い人材開発プログラムや業績評価制度を構築する。株式会社綱八で人事部長を務めたのち独立。1万人以上の面接と人事に携わってきた現場の経験から、人事コンサルティング、執筆、講演、就職・転職支援を行なう。ヤドケン就職・転職道場、ジャパンヨガアカデミー相模大野、キャリアドメインマリッジを経営。

### 主な書籍
『良い人材を見抜く採用面接ポイント』（経営書院）
『人事のトラブル　防ぎ方・対応の仕方』（C&R研究所）
『即戦力になる人材を見抜くポイント86』（創元社）
『新版 「できない人」の育て方　辞めさせ方』（C&R研究所）
『はじめての転職ガイド　必ず成功する転職』（マイナビ）
『「できる人」「できない人」を1分で見抜く77の法則』（フォレスト出版）　他多数

### 良い人材を確実に採用し定着させるポイント

2016年3月1日　第1版第1刷発行

著　者　　　　谷　所　健一郎
発行者　　　　平　　盛　之

発行所
㈱産労総合研究所
出版部 経営書院

〒112-0011　東京都文京区千石4-17-10
　　　　　　　産労文京ビル
電話　03-5319-3620
振替　00180-0-11361

印刷・製本　中和印刷株式会社
乱丁・落丁本はお取り替えします。無断転載はご遠慮ください。
ISBN978-4-86326-211-9 C2034